GUÍA DE LA MARIHUANA PARA PRINCIPANTES

Descubre los Usos del Cannabis y Aceite de Cannabis y Cómo Cultivar esta Planta Correctamente

CASEY FISCHER

© Copyright 2022 – Casey Fischer - Todos los derechos reservados.

Este documento está orientado a proporcionar información exacta y confiable con respecto al tema tratado. La publicación se vende con la idea de que el editor no tiene la obligación de prestar servicios oficialmente autorizados o de otro modo calificados. Si es necesario un consejo legal o profesional, se debe consultar con un individuo practicado en la profesión.

- Tomado de una Declaración de Principios que fue aceptada y aprobada por unanimidad por un Comité del Colegio de Abogados de Estados Unidos y un Comité de Editores y Asociaciones.

De ninguna manera es legal reproducir, duplicar o transmitir cualquier parte de este documento en forma electrónica o impresa.

La grabación de esta publicación está estrictamente prohibida y no se permite el almacenamiento de este documento a menos que cuente con el permiso por escrito del editor. Todos los derechos reservados.

La información provista en este documento es considerada veraz y coherente, en el sentido de que cualquier responsabilidad, en términos de falta de atención o de otro tipo, por el uso o abuso de cualquier política, proceso o dirección contenida en el mismo, es responsabilidad absoluta y exclusiva del lector receptor. Bajo ninguna circunstancia se responsabilizará legalmente al editor por cualquier reparación, daño o pérdida monetaria como consecuencia de la información contenida en este documento, ya sea directa o indirectamente.

Los autores respectivos poseen todos los derechos de autor que no pertenecen al editor.

La información contenida en este documento se ofrece únicamente con fines informativos, y es universal como tal. La presentación de la información se realiza sin contrato y sin ningún tipo de garantía endosada.

El uso de marcas comerciales en este documento carece de consentimiento, y la publicación de la marca comercial no tiene ni el permiso ni el respaldo del propietario de la misma.

Todas las marcas comerciales dentro de este libro se usan solo para fines de aclaración y pertenecen a sus propietarios, quienes no están relacionados con este documento.

Índice

Introducción ... vii

1. Descubrimientos sobre la marihuana ... 1
2. Diferencias entre CBD y THC ... 19
3. Anatomía vegetal de la marihuana ... 27
4. La marihuana en diferentes culturas ... 37
5. Legalización de la marihuana en Estados Unidos ... 43
6. Usos y cepas de la marihuana ... 55
7. Cultivo de marihuana ... 67
8. Cultivo en exteriores e interiores ... 77
9. Prevención de deficiencias en plantas ... 115
10. Cosecha de las plantas ... 129
11. Pasos finales ... 149

Conclusión ... 159
Referencias ... 161

Introducción

El cannabis se refiere a un grupo de tres plantas con propiedades psicoactivas, conocidas como *Cannabis sativa*, *Cannabis indica* y *Cannabis ruderalis*. Cuando las flores de estas plantas se cosechan y se secan, queda una de las drogas más comunes del mundo.

Algunos la llaman hierba, otros la llaman marihuana y otros crean nombres mucho más locales, pues a medida que la marihuana se vuelve legal en más áreas, los nombres evolucionan. Hoy en día, cada vez más personas utilizan el término cannabis para referirse a la marihuana. Algunos argumentan que es un nombre más preciso. Otros sienten que es más neutral en comparación con términos como hierba o marihuana, que algunas personas asocian con su uso ilegal.

El cannabis se suele consumir por sus efectos relajantes y calmantes. En algunos estados de EE.UU., también se prescribe para ayudar con una variedad de afecciones médicas, que incluyen dolor crónico, glaucoma y falta de apetito.

Sin embargo, se debe tener en cuenta que, si bien el cannabis proviene de una planta y se considera natural, aún puede tener fuertes efectos, tanto positivos como negativos.

El cannabis ha sido utilizado por los seres humanos durante siglos. Primero, la planta fue utilizada con fines medicinales por muchos países asiáticos a nivel estatal o nacional. Durante la época colonial, principalmente por los fabricantes de cuerdas y textiles, la planta fue llevada a las Américas para ser cosechada en cuerdas y telas. La planta de cannabis se conoce como Cannabis sativa, y la marihuana proviene de plantas que son a la vez una pequeña familia.

Los humanos usaban la marihuana como insumo para sus tiendas de campaña y capas, pues utilizaban sus fibras para hacer ropa y túnicas. Además, aprovechaban para tirar las semillas, que luego crecerían una vez que fueran descartadas. Esta acción les permitiría volver a recolectar los materiales que antes recolectaron para crear nuevos campamentos, y el proceso se repetiría.

La marihuana se cultivó en grandes cantidades en Oriente Medio y Europa durante la Edad Media y finalmente se instaló allí de forma permanente, extendiéndose al resto de Europa y Oriente Medio. No existía un gran entendimiento de esta planta químicamente compleja que hubiera permitido volverse tan útil como lo es hoy.

Introducción

En este libro, entenderemos un poco más sobre la marihuana, identificaremos algunas aplicaciones culturales y algunos de los descubrimientos más importantes dentro del área de aplicación medicinal, y además aprenderemos un poco sobre el proceso anatómico, de cultivo y de cosecha.

El conocimiento ayuda a terminar con el estigma que se le ha dado al consumo de marihuana, por lo que todo lo que descubramos el día de hoy es una gran herramienta para utilizar durante tus pláticas cotidianas, para acercar el conocimiento a otras personas, y por qué no, ¡para iniciar tu propio proyecto de cultivo!

Teniendo esto en mente, ¡comencemos!

1

Descubrimientos sobre la marihuana

LA MARIHUANA se constituye de más de 120 componentes, que se conocen como *cannabinoides*. Los expertos aún no están seguros de lo que hace cada cannabinoide, pero conocen bastante bien dos de ellos, conocidos como cannabidiol (CBD) y tetrahidrocannabinol (THC). Cada uno tiene sus propios efectos y usos.

El CBD es un cannabinoide psicoactivo, sin embargo, no es intoxicante ni provoca sensación de euforia, lo que significa que no te "drogará". A menudo se usa para ayudar a reducir la inflamación y el dolor. También puede aliviar las náuseas, la migraña, las convulsiones y la ansiedad.

Por ejemplo, el medicamento Epidiolex es el primer y único medicamento recetado que contiene CBD y está aprobado por la Administración de Alimentos y Medicamentos, o

FDA. Este medicamento se usa para tratar ciertos tipos de epilepsia.

Los investigadores todavía están tratando de comprender completamente la efectividad del uso médico de CBD.

Por otra parte, el THC es el principal compuesto psicoactivo de la marihuana. El THC es responsable del "subidón" que la mayoría de la gente asocia con el cannabis. Se pueden encontrar productos de cannabis que contengan solo CBD, THC o una combinación de ambos. Pero la flor seca que la mayoría de la gente asocia con el cannabis contiene ambos cannabinoides, aunque ciertas cepas pueden tener mucho más de uno que del otro. El cáñamo, por ejemplo, tiene grandes cantidades de CBD, pero no de THC.

El uso de cannabis puede tener una variedad de efectos a corto plazo. Algunos son beneficiosos, pero otros pueden llegar a ser dañinos. Algunos de los efectos a corto plazo más deseables incluyen relajación, mareo, la amplificación de los sentidos (experimentando imágenes y sonidos más intensamente), apetito incrementado, alteración de la percepción del tiempo y los acontecimientos, además de un incremento en la capacidad de enfoque y creatividad.

Estos efectos suelen ser mínimos en productos que contienen niveles muy altos de CBD, en comparación con el THC.

Pero el cannabis también puede tener algunos efectos secundarios problemáticos para ciertas personas, que pueden incluir problemas de coordinación, tiempo de reacción retardado, náusea, letargo, ansiedad, aumento del ritmo cardíaco, disminución de la presión arterial y paranoia.

Nuevamente, estos efectos son menos comunes en productos que contienen más CBD que THC. Los efectos a corto plazo del cannabis también pueden variar según el método de consumo. Si fumas cannabis, sentirás los efectos en cuestión de minutos. Pero si ingieres cannabis por vía oral, como en una cápsula o alimento, pueden pasar varias horas antes de que sientas algo.

Además, el cannabis a menudo viene en diferentes cepas. Estas son categorías sueltas que se utilizan para indicar los efectos de diferentes productos de cannabis. Los expertos todavía están tratando de comprender completamente los efectos a largo plazo del consumo de cannabis. Hay muchas investigaciones contradictorias sobre este tema, y en muchos de los estudios existentes solo han analizado animales.

El cannabis es ilegal en muchos lugares, pero cada vez más áreas comienzan a legalizarlo tanto para uso recreativo como médico. En Estados Unidos, por ejemplo, varios estados han legalizado el cannabis recreativo y medicinal. Otros lo han legalizado solo para uso médico.

. . .

A pesar de esto, el cannabis sigue siendo ilegal según la ley federal en los Estados Unidos. La investigación que respalda el uso de CBD para la inflamación y el dolor es prometedora. El uso de medicamentos recetados a base de CBD para reducir algunos tipos de convulsiones está bien establecido.

Las leyes sobre el cannabis también varían de un país a otro.

Algunos permiten el uso de productos que solo contienen CBD, mientras que otros consideran que cualquier tipo de consumo de cannabis es un delito grave. Si tienes curiosidad por probar la marihuana, primero asegúrate de leer las leyes de tu área.

También puedes considerar hablar con un médico o farmacéutico de antemano para asegurarte de que su consumo no interactúe con ningún medicamento o suplemento que tomes. Un médico también puede ayudarte a sopesar los posibles beneficios o riesgos para tu salud.

La gente a menudo usa las palabras "cannabis" y "marihuana" indistintamente, pero no significan exactamente lo mismo. La palabra "cannabis" se refiere a todos los productos derivados de la planta *Cannabis sativa*, que contiene alrededor de unas 540 sustancias químicas.

. . .

La palabra "marihuana" se refiere a partes o productos de la planta *Cannabis sativa* que contienen cantidades sustanciales de tetrahidrocannabinol (THC). El THC es la sustancia que es principalmente responsable de los efectos de la marihuana en el estado mental de una persona. Algunas plantas de cannabis contienen muy poco THC. Según la ley estadounidense, estas plantas se consideran "cáñamo industrial" en lugar de marihuana.

La FDA no ha aprobado la planta de cannabis para ningún uso médico.

Sin embargo, la FDA ha aprobado varios medicamentos que contienen cannabinoides individuales. Epidiolex, por ejemplo, que contiene una forma purificada de CBD derivada del cannabis, fue aprobado para el tratamiento de las convulsiones asociadas con el síndrome de Lennox-Gastaut o el síndrome de Dravet, dos formas raras y graves de epilepsia.

Marinol y Syndros, que contienen dronabinol (THC sintético), y Cesamet, que contiene nabilona (una sustancia sintética similar al THC), están aprobados por la FDA. El dronabinol y la nabilona se usan para tratar las náuseas y los vómitos causados por la quimioterapia contra el cáncer. El dronabinol también se usa para tratar la pérdida de apetito y de peso en personas con VIH/SIDA.

. . .

La FDA ha determinado que los productos que contienen THC o CBD no pueden venderse legalmente como suplementos dietéticos. Los alimentos a los que se les ha agregado THC o CBD no se pueden vender legalmente en el comercio interestatal. Que se puedan vender legalmente dentro de un estado depende de las leyes y reglamentos de ese estado.

Los medicamentos que contienen cannabinoides pueden ser útiles en el tratamiento de ciertas formas raras de epilepsia, náuseas y vómitos asociados con la quimioterapia contra el cáncer, y pérdida de apetito y pérdida de peso asociadas con el VIH/SIDA. Además, alguna evidencia sugiere beneficios modestos del cannabis o los cannabinoides para el dolor crónico y los síntomas de la esclerosis múltiple. El cannabis no es útil para el glaucoma.

La investigación sobre el cannabis o los cannabinoides para otras afecciones se encuentra en sus primeras etapas.

Se han realizado investigaciones sobre los efectos del cannabis o los cannabinoides en el dolor crónico, en particular el dolor neuropático (dolor asociado con lesiones o daños en los nervios). Una revisión de 2018 analizó 47 estudios (4743 participantes) de cannabis o cannabinoides para varios tipos de dolor crónico además del dolor por cáncer y encontró evidencia de un pequeño beneficio.

. . .

El veintinueve por ciento de las personas que tomaron cannabis/cannabinoides tuvieron una reducción del dolor del 30 por ciento, mientras que el 26 por ciento de las que tomaron un placebo (una sustancia inactiva) tuvieron el mismo resultado.

La diferencia puede ser demasiado pequeña para ser significativa para los pacientes. Los eventos adversos (efectos secundarios) fueron más comunes entre las personas que tomaban cannabis/cannabinoides que entre las que tomaban placebos.

Una revisión de 2018 de 16 estudios de medicamentos a base de cannabis para el dolor neuropático, la mayoría de los cuales probaron una preparación cannabinoide llamada nabiximols (nombre de marca Sativex; un aerosol bucal que contiene THC y CBD que está aprobado en algunos países, pero no en los Estados Unidos), encontró evidencia de calidad baja a moderada de que estos medicamentos produjeron un mejor alivio del dolor que los placebos.

Sin embargo, los datos no se pudieron considerar confiables porque los estudios incluyeron un pequeño número de personas y pueden haber estado sesgados. Las personas que tomaban medicamentos a base de cannabis tenían más probabilidades que las que tomaban placebos de abandonar los estudios debido a los efectos secundarios.

. . .

Una revisión de 2015 de 28 estudios (2454 participantes) de cannabinoides en los que se evaluó el dolor crónico encontró que los estudios generalmente mostraron mejoras en las medidas del dolor en personas que tomaban cannabinoides, pero estas no alcanzaron significación estadística en la mayoría de los estudios. Sin embargo, el número promedio de pacientes que informaron una reducción del dolor de al menos un 30 por ciento fue mayor con los cannabinoides que con el placebo.

Hay evidencia de estudios en animales de que la administración de THC junto con opioides puede permitir controlar el dolor con una dosis más pequeña de opioides. Una revisión de 2017 analizó estudios en personas en las que se administraron cannabinoides junto con opioides para tratar el dolor. Estos estudios se diseñaron para determinar si los cannabinoides podrían hacer posible controlar el dolor con cantidades más pequeñas de opioides.

Hubo 9 estudios (750 participantes en total), de los cuales 3 (642 participantes) utilizaron un diseño de estudio de alta calidad en el que los participantes fueron asignados al azar para recibir cannabinoides o un placebo.

Los resultados fueron inconsistentes y ninguno de los estudios de alta calidad indicó que los cannabinoides podrían conducir a una disminución del uso de opioides.

. . .

Los investigadores han analizado datos estadísticos sobre grupos de personas para ver si el acceso al cannabis (por ejemplo, a través de las "leyes de marihuana medicinal", leyes estatales que permiten que los pacientes con ciertas afecciones médicas tengan acceso al cannabis), está relacionado con cambios en el uso de opioides o con cambios en el daño asociado con los opioides. Los hallazgos han sido inconsistentes.

Se descubrió que los estados con leyes de marihuana medicinal tienen tasas de prescripción más bajas tanto para los opioides como para todas las drogas que el cannabis podría sustituir entre las personas con *Medicare*. Sin embargo, los datos de una encuesta nacional (no limitada a las personas con *Medicare*) mostraron que los usuarios de marihuana medicinal tenían más probabilidades que los no usuarios de informar que tomaban medicamentos recetados.

Un análisis de datos de 1999 a 2010 indicó que los estados con leyes de marihuana medicinal tenían tasas de mortalidad más bajas por sobredosis de analgésicos opioides, pero cuando un análisis similar se extendió hasta 2017, mostró tasas de mortalidad más altas por este tipo de sobredosis.

Un análisis de los datos de la encuesta de 2004 a 2014 encontró que la aprobación de leyes sobre la marihuana medicinal no se asoció con un menor uso no médico de opioides recetados. Por lo tanto, las personas con acceso a la marihuana medicinal no parecían estar sustituyéndola por opioides recetados.

Una pequeña cantidad de evidencia de estudios en algunas personas sugiere que el cannabis o los cannabinoides podrían ayudar a reducir la ansiedad. Un estudio de 24 personas con trastorno de ansiedad social encontró que tenían menos ansiedad en una prueba simulada de hablar en público después de tomar CBD que después de tomar un placebo.

Cuatro estudios más han sugerido que los cannabinoides pueden ser útiles para la ansiedad en personas con dolor crónico; sin embargo, los participantes del estudio no necesariamente tenían trastornos de ansiedad.

Los cannabinoides, principalmente el CBD, se han estudiado también para el tratamiento de las convulsiones asociadas con formas de epilepsia que son difíciles de controlar con otros medicamentos. Epidiolex (CBD oral) ha sido aprobado por la FDA para el tratamiento de convulsiones asociadas con dos encefalopatías epilépticas: el síndrome de Lennox-Gastaut y el síndrome de Dravet.

Las encefalopatías epilépticas son un grupo de trastornos convulsivos que comienzan en la niñez e involucran convulsiones frecuentes junto con graves deficiencias en el desarrollo cognitivo.

No se han realizado suficientes investigaciones sobre los cannabinoides para otras formas más comunes de epilepsia que permitan llegar a conclusiones sobre si son útiles para estas condiciones.

El glaucoma es un grupo de enfermedades que pueden dañar el nervio óptico del ojo y provocar pérdida de la visión y ceguera. El tratamiento temprano a menudo puede prevenir la pérdida severa de la visión. Bajar la presión en el ojo puede retrasar la progresión de la enfermedad.

Los estudios realizados en las décadas de 1970 y 1980 demostraron que el cannabis o las sustancias derivadas del mismo podían reducir la presión en el ojo, pero no con tanta eficacia como los tratamientos que ya estaban en uso. Una limitación de los productos a base de cannabis es que solo disminuyen la presión en el ojo durante un corto período de tiempo; de hecho, un estudio reciente en animales mostró que el CBD, aplicado directamente en el ojo, puede causar un aumento indeseable de la presión en el ojo.

La pérdida de peso involuntaria puede ser un problema para las personas con VIH/SIDA. En 1992, la FDA aprobó el cannabinoide dronabinol para el tratamiento de la pérdida de apetito asociada con la pérdida de peso en personas con VIH/SIDA. Esta aprobación se basó principalmente en un estudio de 139 personas que evaluó los efectos del dronabinol sobre el apetito y los cambios de peso.

Ha habido algunos otros estudios de cannabis o cannabinoides para la pérdida de apetito y peso en personas con VIH/SIDA, pero fueron breves y solo incluyeron a un pequeño número de personas, y sus resultados pueden haber estado sesgados. En general, la evidencia de que el cannabis/cannabinoides son beneficiosos en personas con VIH/SIDA es limitada.

La enfermedad inflamatoria intestinal es el nombre de un grupo de condiciones en las que el tracto digestivo se inflama. La colitis ulcerosa y la enfermedad de Crohn son los tipos más comunes. Los síntomas pueden incluir dolor abdominal, diarrea, pérdida de apetito, pérdida de peso y fiebre. Los síntomas pueden variar de leves a graves, y pueden aparecer y desaparecer, a veces desapareciendo durante meses o años y luego regresando.

Una revisión de 2018 analizó 3 estudios (93 participantes en total) que compararon cannabis fumado o aceite de cannabis con placebos en personas con enfermedad de Crohn activa. No hubo diferencia entre los grupos de cannabis/aceite de cannabis y placebo en la remisión clínica de la enfermedad.

. . .

Algunas personas que usaban cannabis o aceite de cannabis experimentaron mejoras en los síntomas, pero algunas tuvieron efectos secundarios no deseados. No estaba claro si los beneficios potenciales del cannabis o el aceite de cannabis eran mayores que los daños potenciales.

Una revisión de 2018 examinó 2 estudios (92 participantes) que compararon cápsulas de cannabis o CBD fumado con placebos en personas con colitis ulcerosa activa. En el estudio de las cápsulas, no hubo diferencias entre los dos grupos en la remisión clínica, pero las personas que tomaron CBD tuvieron más efectos secundarios. En el estudio de cannabis fumado, una medida de la actividad de la enfermedad fue menor después de 8 semanas en el grupo de cannabis; no se informó sobre los efectos secundarios.

El síndrome del intestino o colon irritable (SII) se define como dolor abdominal repetido con cambios en las deposiciones (diarrea, estreñimiento o ambos). Es uno de un grupo de trastornos funcionales del tracto gastrointestinal (GI) que se relacionan con la forma en que el cerebro y el intestino funcionan juntos.

Aunque existe interés en el uso de cannabis o cannabinoides para los síntomas del SII, se han realizado pocas investigaciones sobre su uso para esta afección en las personas. Por lo tanto, se desconoce si el cannabis o los cannabinoides pueden ser útiles.

Una revisión de 2015 de 2 pequeños estudios controlados con placebo con 36 participantes sugirió que las cápsulas sintéticas de THC pueden estar asociadas con una mejora significativa en la gravedad de los tics en pacientes con síndrome de Tourette.

También se han estudiado varias preparaciones de cannabis/cannabinoides para los síntomas de la esclerosis múltiple, incluidos dronabinol, nabilona, extracto de cannabis, nabiximols (con nombre de marca Sativex; un aerosol bucal que contiene THC y CBD que está aprobado en más de 25 países fuera de los Estados Unidos) y cannabis fumada.

Una revisión de 17 estudios de una variedad de preparaciones de cannabinoides con un total de 3,161 participantes indicó que los cannabinoides causaron una pequeña mejoría en la espasticidad (según la evaluación del paciente), el dolor y los problemas de la vejiga en personas con esclerosis múltiple, pero los cannabinoides no mejoraron significativamente espasticidad cuando se midió mediante pruebas objetivas.

Una revisión de 6 ensayos clínicos controlados con placebo con 1134 participantes en total concluyó que los cannabinoides (nabiximols, dronabinol y THC/CBD) se asociaron con una mejoría promedio mayor en la escala de Ashworth para la espasticidad en pacientes con esclerosis múltiple en comparación con el placebo, aunque esto no alcanza para ser estadísticamente significativo.

Las pautas basadas en evidencia emitidas en 2014 por la Academia Estadounidense de Neurología concluyeron que los nabiximols probablemente sean efectivos para mejorar los síntomas subjetivos de espasticidad, probablemente ineficaces para reducir las medidas objetivas de espasticidad o la incontinencia vesical, y posiblemente ineficaces para reducir el temblor relacionado con la esclerosis múltiple. Sobre la base de dos estudios pequeños, las directrices concluyeron que los datos son inadecuados para evaluar los efectos del cannabis fumado en personas con esclerosis múltiple.

Un análisis de 2010 de 3 estudios (666 participantes) de nabiximols en personas con esclerosis múltiple y espasticidad encontró que los nabiximols reducían la espasticidad subjetiva, generalmente en 3 semanas, y que aproximadamente un tercio de las personas que recibieron nabiximols como complemento de otro tratamiento tendrían al menos un 30 por ciento de mejora en la espasticidad. Los nabiximols parecían ser razonablemente seguros.

Una revisión de 2015 de 23 estudios (1326 participantes) sobre los cannabinoides, dronabinol o nabilona para tratar las náuseas y los vómitos relacionados con la quimioterapia contra el cáncer encontró que eran más útiles que un placebo y tenían una eficacia similar a la de otros medicamentos utilizados para este fin. Sin embargo, algunas personas sufrieron efectos secundarios como mareos o somnolencia al tomar los medicamentos cannabinoides.

La investigación sobre el dronabinol y la nabilona para tratar las náuseas y los vómitos relacionados con la quimioterapia contra el cáncer se realizó principalmente en las décadas de 1980 y 1990 y refleja los tipos de tratamientos de quimioterapia y las opciones de medicamentos contra las náuseas disponibles en ese momento en lugar de los actuales.

Algunas personas con trastorno de estrés postraumático (TEPT) han usado cannabis o productos elaborados con él para tratar de aliviar sus síntomas y creen que puede ayudar, pero se han realizado pocas investigaciones sobre si realmente es útil.

En un estudio muy pequeño (10 personas), el cannabinoide nabilona fue más eficaz que un placebo para aliviar las pesadillas relacionadas con el TEPT.

Los estudios observacionales (estudios que recopilaron datos sobre personas con TEPT que tomaron sus propias decisiones sobre si usar cannabis) no han proporcionado evidencia clara sobre si el cannabis es útil o dañino para los síntomas del estrés postraumático.

Muchos estudios de cannabis o cannabinoides en personas con problemas de salud (como esclerosis múltiple, TEPT o dolor crónico) han analizado los efectos sobre el sueño. A menudo, ha habido evidencia de una mejor calidad del sueño, menos trastornos del sueño o menos tiempo para lograr conciliar el sueño en personas que toman cannabis/cannabinoides.

Sin embargo, no está claro si los productos de cannabis afectaron el sueño directamente o si las personas dormían mejor porque los síntomas de sus enfermedades habían mejorado.

Los efectos del cannabis/cannabinoides sobre los problemas del sueño en personas que no tienen otras enfermedades son inciertos.

Varios estudios financiados por el Centro Nacional de Salud Complementaria e Integrativa (NCCIH por sus siglas en inglés) están investigando las posibles propiedades analgésicas y los mecanismos de acción de las sustancias del cannabis, incluidos los cannabinoides menores (aquellos distintos del THC) y los terpenos (sustancias del cannabis que le dan a la planta sus propiedades específicas de la cepa, como el aroma y la gusto).

. . .

El objetivo de estos estudios es fortalecer la evidencia sobre los componentes del cannabis y si tienen funciones potenciales en el tratamiento del dolor. Aunado a esto, también se apoyan estudios observacionales de los efectos del cannabis comestible y sus componentes sobre el dolor, la inflamación y el pensamiento en personas con dolor lumbar crónico; además de estudios para desarrollar técnicas de síntesis de cannabinoides en levadura (que costarían menos que obtenerlos de la planta de cannabis).

2

Diferencias entre CBD y THC

A MEDIDA que crece el uso legal del cáñamo y otros productos de cannabis, los consumidores se vuelven más curiosos acerca de sus opciones. Esto incluye cannabidiol (CBD) y tetrahidrocannabinol (THC), dos compuestos naturales que se encuentran en las plantas del género Cannabis.

El CBD se puede extraer del cáñamo o del cannabis. El cáñamo y el cannabis provienen de la planta *Cannabis sativa*. El cáñamo legal debe contener 0.3 por ciento de THC o menos.

El CBD se vende en forma de geles, gomitas, aceites, suplementos, extractos y más.

El THC es el principal compuesto psicoactivo del cannabis que produce la sensación de "subidón". Se puede consumir fumando cannabis. También está disponible en aceites, comestibles, tinturas, cápsulas y más.

Ambos compuestos interactúan con el sistema endocannabinoide de tu cuerpo, pero tienen efectos muy diferentes.

Tanto el CBD como el THC tienen exactamente la misma estructura molecular: 21 átomos de carbono, 30 átomos de hidrógeno y 2 átomos de oxígeno. Una ligera diferencia en cómo se organizan los átomos explica los diferentes efectos que tendrán en el cuerpo.

Tanto el CBD como el THC son químicamente similares a los endocannabinoides del cuerpo. Esto les permite interactuar con los receptores de cannabinoides. La interacción afecta la liberación de neurotransmisores en el cerebro. Los neurotransmisores son sustancias químicas responsables de transmitir mensajes entre las células y tienen funciones en el dolor, la función inmunológica, el estrés y el sueño, por nombrar algunos.

A pesar de sus estructuras químicas similares, el CBD y el THC no tienen los mismos efectos psicoactivos. El CBD es psicoactivo, pero no de la misma manera que el THC. No produce el "subidón" asociado con el THC. Se ha demostrado que el CBD ayuda con la ansiedad, la depresión y las convulsiones.

. . .

El THC se une a los receptores de cannabinoides 1 (CB1) en el cerebro. Produce un subidón o sensación de euforia. El CBD se une muy débilmente, si es que lo hace, a los receptores CB1.

El CBD necesita que el THC se una al receptor CB1 y, a su vez, puede ayudar a reducir algunos de los efectos psicoactivos no deseados del THC, como la euforia o la sedación.

En los Estados Unidos, las leyes relacionadas con el cannabis evolucionan regularmente. Técnicamente, el CBD todavía se considera un fármaco de la Lista I según la ley federal. El cáñamo se eliminó de la Ley de Sustancias Controladas, pero la Administración de Control de Drogas (DEA) y la Administración de Drogas y Alimentos (FDA) aún clasifican el CBD como un medicamento de la Lista I.

Sin embargo, 33 estados y Washington, DC, han aprobado leyes relacionadas con el cannabis, legalizando el cannabis medicinal con altos niveles de THC. Es posible que el cannabis deba ser recetado por un médico con licencia. Además, varios estados han legalizado el uso recreativo del cannabis y el THC.

En los estados donde el cannabis es legal para fines recreativos o médicos, se debería poder comprar CBD. Sin embargo, antes de intentar comprar productos con CBD o THC, es importante investigar las leyes de tu estado o país.

El CBD y el THC tienen muchos de los mismos beneficios médicos. Pueden proporcionar alivio de varias de las mismas condiciones. Sin embargo, el CBD no provoca los efectos eufóricos que se producen con el THC. Algunas personas pueden preferir usar CBD debido a la falta de este efecto secundario.

El CBD se usa para ayudar con otras condiciones diversas, como convulsiones, inflamación, dolor, psicosis o trastornos mentales, enfermedad inflamatoria intestinal, náusea, migraña, depresión, ansiedad. El THC se usa para ayudar, por ejemplo, al dolor, espasticidad muscular, glaucoma, insomnio, poco apetito, náusea y ansiedad.

El CBD se tolera bien, incluso en grandes dosis. Fuentes confiables de investigación científica sugieren que cualquier efecto secundario que ocurra con el uso de CBD es probablemente el resultado de interacciones de fármaco a fármaco entre el CBD y otros medicamentos que la persona pueda estar tomando.

El THC causa efectos secundarios temporales, como aumento del ritmo cardíaco, problemas de coordinación, boca seca, ojos rojos, tiempos de reacción más lentos, pérdida de memoria y ansiedad. Los efectos secundarios del CBD pueden incluir cambios en el apetito, fatiga, pérdida de peso, mareo y diarrea. Estos efectos secundarios son parte de las propiedades psicoactivas del compuesto. Ninguno de los compuestos es fatal.

Sin embargo, el alto consumo de THC puede estar relacionado con efectos psiquiátricos negativos a largo plazo. Esto es especialmente cierto para los adolescentes que consumen grandes cantidades de THC, aunque no hay pruebas concluyentes de que el consumo de cannabis provoque trastornos psiquiátricos como la esquizofrenia.

Los cannabinoides como el THC y el CBD se almacenan en la grasa del cuerpo. Pueden aparecer en las pruebas de detección de drogas durante varios días o semanas después de usarlos. No todas las pruebas de detección de drogas podrán detectar el CBD, pero existen pruebas sensibles al mismo.

La mayoría de las pruebas de drogas estándar buscarán sustancias químicas relacionadas con el THC, por lo que el uso de THC o marihuana podría aparecer en una prueba de detección. Del mismo modo, el cáñamo puede producir algo de THC además de CBD, por lo que una prueba podría dar positivo para THC incluso si no lo has usado.

. . .

Es importante tener en cuenta que los productos que afirman estar libres de THC pueden no estar completamente libres de THC, por lo que, si te sometes a una prueba de detección de drogas, no debes usar ningún producto de CBD o THC.

El CBD y el THC son dos de los cannabinoides más destacados que se encuentran en la planta de cannabis. Tanto el cannabis como el cáñamo producen CBD y THC. Sin embargo, el cannabis tiene una mayor concentración de THC y el cáñamo tiene una mayor concentración de CBD.

La variedad de cannabis promedio actual contiene alrededor del 12 por ciento de THC de fuente confiable. El aceite de CBD puede contener pequeñas cantidades de THC porque está presente en niveles bajos en la planta de cáñamo. El CBD no puede tener más del 0,3 por ciento de THC para ser legal a nivel federal en Estados Unidos.

Tanto el CBD como el THC tienen beneficios médicos. Ambos también se consideran seguros, pero se debe considerar la posibilidad de efectos secundarios e interacciones con otros medicamentos que se estén tomando. Se recomienda hablar con el médico de cabecera o con un médico calificado en cannabis o CBD antes de usarlo, especialmente si se tienen dudas o condiciones importantes a considerar.

Como resumen, el CBD no produce la sensación o experiencia de estar drogado, interactúa con el sistema endocannabinoide, tiene algunos efectos secundarios, posiblemente se muestra en los exámenes de drogas, ayuda a calmar el dolor, reduce náusea, alivia la migraña, reduce la ansiedad, reduce la depresión, disminuye las convulsiones, es antiinflamatorio, ayuda con el insomnio y la psicosis y se puede usar para otras condiciones.

Por su parte, el THC sí produce una sensación de "subidón", interactúa con el sistema endocannabinoide, tiene efectos secundarios psicoactivos, se muestra en los exámenes de drogas, ayuda a reducir el dolor y la náusea, alivia la migraña y reduce la ansiedad, es antiinflamatorio, ayuda con el insomnio, incrementa el apetito y también se usa en algunas otras condiciones.

Como se ha dicho, en Estados Unidos, los productos de CBD derivados del cáñamo (con menos del 0,3 por ciento de THC) son legales a nivel federal, pero siguen siendo ilegales según algunas leyes estatales. Los productos de CBD derivados de la marihuana son ilegales a nivel federal, pero son legales según algunas leyes estatales.

Se recomienda consultar las leyes de tu estado y las de cualquier lugar al que viajes para ajustar tu consumo. Se recomienda tomar en cuenta que los productos de CBD sin receta no están aprobados por la FDA y pueden estar etiquetados incorrectamente.

3

Anatomía vegetal de la marihuana

La planta de cannabis tiene varias estructuras, muchas de las cuales podemos encontrar en cualquier especie de planta con flores común. El cannabis crece en tallos largos y delgados con sus grandes e icónicas hojas en forma de abanico que se extienden desde áreas llamadas nudos.

El cannabis realmente se destaca en sus flores, o cogollos, donde se producen formaciones únicas e intrincadas: pelos de color naranja intenso, cristales azucarados y cogollos gruesos envueltos por hojas diminutas.

Las semillas se producen en plantas de cannabis hembra y llevan la genética de un macho y una hembra. Las semillas necesitan germinar para brotar y desarrollarán una raíz pivotante, que se convertirá en la raíz principal que ancla la planta.

. . .

Las hojas de cotiledón son las primeras hojas que crecen de la semilla después de la germinación. Por lo general, vienen en pares, y verlas es una señal de una germinación exitosa y de que la planta está en camino de crecer sana y fuerte.

Las raíces crecen hacia abajo desde el tallo principal de la planta hacia el suelo. Cuando crece a partir de una semilla, la raíz más importante se llama "raíz principal". Las raíces son el sustento de una planta de cannabis, ya que atraen agua y oxígeno a la planta para que pueda crecer sana y fuerte. Se pueden agregar micorrizas, un hongo beneficioso, al suelo para mejorar los sistemas de raíces.

El tallo principal, o troncho, de una planta de cannabis crece hacia arriba desde el sistema de raíces y sostiene todas las ramas laterales. El tallo le da a la planta estructura y estabilidad. A menudo, los cultivadores rematan o cortan el tallo después de unos cinco nudos, lo que obliga a la planta a crecer lateralmente más, creando más sitios para cogollos o brotes.

Un nudo es un punto en el que crece una rama del tallo principal, o una rama de otra rama. Las hojas de abanico y los brotes pueden crecer en algunos nudos, pero no necesariamente en todos. Al determinar el sexo de una planta de cannabis, las pre flores, o los comienzos de los órganos sexuales masculinos y femeninos, aparecerán en los nudos.

El espacio entre los nudos se denomina "espacio internodal" y dará una idea de si una planta crecerá alta o baja.

Las hojas de abanico son las hojas grandes e icónicas de la planta de cannabis. Capturan la luz para la planta y, por lo general, tienen poca o ninguna resina así que se pueden descartar al podar.

Las hojas de azúcar son las hojas pequeñas recubiertas de resina alrededor de las cuales se forman los cogollos. Las hojas de azúcar generalmente se guardan como "recortes" durante la cosecha y se pueden usar para pre-rollos, extractos y otros productos de cannabis.

También conocidas como "cogollos", las flores de una planta de cannabis son el fruto del trabajo. Contienen los cannabinoides y terpenos que te drogan y/u ofrecen beneficios para la salud. Las flores solo crecen en plantas de cannabis hembra y deben secarse antes del consumo.

Una cola, también llamada "sitio de cogollos", se refiere a un grupo de cogollos que crecen muy juntos. Mientras que las colas más pequeñas se producen a lo largo de los sitios de brotación de las ramas inferiores, la cola principal, a veces llamada cogollo apical, se forma en la parte superior de la planta.

. . .

Una bráctea es lo que encapsula las partes reproductivas de la hembra. Aparecen como "hojas" verdes en forma de lágrima y están muy cubiertas de glándulas de resina que producen la mayor concentración de cannabinoides de todas las partes de la planta.

Encerrado por estas brácteas e imperceptible a simple vista, el cáliz se refiere a una capa translúcida sobre el óvulo en la base de una flor.

El pistilo contiene las partes reproductivas de una flor, y las hebras vibrantes y parecidas a pelos del pistilo se llaman estigmas. Los estigmas sirven para recoger el polen de los machos.

Los estigmas del pistilo comienzan con una coloración blanca y se oscurecen progresivamente a amarillo, naranja, rojo o marrón a lo largo de la maduración de la planta. Desempeñan un papel importante en la reproducción, pero los estigmas aportan muy poco a la potencia y el sabor de la flor.

A pesar de su diminuto tamaño, es difícil pasar por alto el manto de resina cristalina en un cogollo de cannabis. Esta resina se secreta a través de glándulas translúcidas con forma de hongo en las hojas, tallos y cálices.

. . .

Las plantas originalmente desarrollaron tricomas para protegerse contra los depredadores y los elementos potencialmente dañinos. Estos globos bulbosos transparentes rezuman aceites aromáticos llamados terpenos, así como cannabinoides terapéuticos como el THC y el CBD. La base de la producción de hachís depende de estos tricomas y de su potente resina similar al azúcar.

El cannabis es una planta dioica, lo que significa que puede ser macho o hembra, y los órganos reproductores masculinos y femeninos aparecen en plantas diferentes. Las plantas hembra producen la flor secretora de resina que se corta en los cogollos que se fuman, y los machos producen sacos de polen cerca de la base de las hojas.

Las plantas masculinas polinizan a las hembras para iniciar la producción de semillas, pero los cogollos que se consumen provienen de plantas femeninas sin semillas; llamadas, literalmente, sin semillas.

Los cultivadores pueden asegurar el sexo de sus plantas cultivando clones o recortes genéticamente idénticos de una variedad original. Las semillas feminizadas también están disponibles a través de un proceso de reproducción especial.

Las plantas de cannabis muestran su sexo por lo que crece entre sus nudos, donde las hojas y las ramas se extienden desde el tallo. Se desarrollarán sacos de polen en una planta masculina para esparcir semillas y se desarrollará un estigma en una planta femenina para atrapar el polen. Se pueden ver estas diferencias semanas antes de que realmente comiencen a cumplir sus propósitos en el ciclo de reproducción. Estos se conocen como "pre-flores".

Las pre-flores comienzan a desarrollarse después de cuatro semanas de crecimiento, pero pueden tardar un poco más dependiendo de qué tan rápido ocurra la fase de brotación. Para la sexta semana, se debería poder encontrar las pre-flores y determinar con confianza el sexo de la planta.

Se deben examinar los nudos de la planta y buscar el crecimiento temprano de pequeños sacos en un macho, o dos brácteas en una hembra, que eventualmente producirán el estigma similar a un cabello.

Las hembras son los "premios" de las plantas de cannabis: son las que producen los cogollos que todos conocemos y amamos. Cada vez que ves una imagen de una planta de cannabis con cogollos, estás viendo una planta hembra.

Las plantas de cannabis hembra reciben polen de los machos para producir semillas, que transmitirán la genética de ambas plantas a la próxima generación. Sin embargo, el cannabis se cultiva principalmente para los cogollos, no para las semillas, por lo que la práctica de cultivar sin-semilla, o cannabis "sin semillas", prevalece hoy en día: las hembras y los machos se cultivan por separado, o incluso se descartan los machos, para evitar la polinización.

Esto permite que las plantas hembra centren sus energías en la producción de cogollos en lugar de en la producción de semillas. Los machos y las hembras generalmente solo se polinizan cuando se cruzan plantas o se crean nuevas cepas.

Las plantas de cannabis macho producen sacos de polen en lugar de cogollos. Como se dijo, este tipo de plantas generalmente se descartan porque no quieres que polinicen a las hembras, que producirán semillas; pues nadie quiere fumar cogollos con semillas.

Los machos son importantes en el proceso de reproducción, pero generalmente es mejor dejarlo en manos de criadores expertos. Al polinizar a las hembras, los machos aportan la mitad de la composición genética heredada por las semillas.

Debido a esto, es importante investigar la genética de las plantas macho. Su forma, tasa de crecimiento, resistencia a plagas y moho y resiliencia climática pueden transmitirse para aumentar la calidad de las generaciones futuras.

. . .

Las plantas macho también se pueden utilizar para obtener fibra de cáñamo. Los machos producen un material más suave, mientras que las hembras producen una fibra más gruesa y resistente. La fibra suave de los machos es más deseable para productos como ropa, manteles y otros artículos para el hogar.

Los machos también pueden beneficiar la producción concentrada, pues tienen algo de THC y pueden ser psicoactivos, pero mucho menos que las hembras. Se pueden encontrar pequeñas cantidades de cannabinoides en las hojas, tallos y sacos, que se pueden extraer para producir hachís y otros aceites.

El cannabis hermafrodita puede expresar tanto órganos sexuales como auto-polinizarse. La rara planta hermafrodita contiene órganos sexuales femeninos y masculinos. Estas plantas a veces pueden polinizarse por sí mismas, pero esto suele ser malo, ya que crearán brotes con semillas y también transmitirán genes hermafroditas.

"*Herming out*" o volverse hermafrodita, como lo llaman algunos, es algo que generalmente sucede cuando una planta se estresa demasiado. Algunos factores estresantes incluyen daños a las plantas, mal clima, enfermedad y deficiencias de nutrientes.

. . .

Hay dos tipos de plantas hermafroditas: aquella planta que desarrolla cogollos y sacos de polen, o aquella planta que produce anteras (la parte terminal del estambre), comúnmente denominadas "plátanos" debido a su apariencia.

Si bien ambos dan como resultado la producción de polen, las plantas de cannabis hermafroditas verdaderas producen sacos que deben romperse; las anteras están expuestas, pues son el estambre productor de polen.

Debido a que esto ocurre cuando el cannabis está bajo estrés, es importante monitorear las plantas después de que hayan estado expuestas a factores estresantes: en interiores, las altas temperaturas o las fugas de luz suelen ser la causa; al aire libre, una rama rota podría repararse y luego convertirse en hermafrodita.

La otra causa principal de las plantas hermafroditas radica en su genética: se debe evitar una planta con una genética deficiente o un historial de desarrollo hermafrodita para proteger el jardín. Si se notan sacos de polen o anteras en algún punto, se debe retirar la planta de su jardín inmediatamente para evitar la polinización de plantas femeninas.

4

La marihuana en diferentes culturas

El cannabis es uno de esos cultivos antiguos que probablemente se ha cultivado desde los albores de la agricultura. Se han reportado restos de tela de cáñamo tejida de unos 10.000 años en Taiwán. El nombre *Cannabis* se remonta a los antiguos botánicos griegos que conocían la planta e insinuaron que tenía algunos usos medicinales, pero principalmente la veían como un cultivo de fibra para tejer.

Durante miles y miles de años, las culturas antiguas utilizaron el cannabis como medicina, material de construcción e incluso para deshacerse de la tristeza. Babilonia puede ser mejor conocida por ser la primera civilización en crear leyes codificadas con el código de Hammurabi alrededor del año 1800 a.C., pero también eran conocidos por el uso de la marihuana, siendo la palabra azullu su término para ello.

. . .

Los babilonios importaron cannabis del área que rodea el actual Afganistán y la usaron para tratar la depresión y como un importante ingrediente en diversas recetas médicas.

Por otro lado, la primera mención del cannabis en Egipto data de alrededor del 2350 a.C., y el símbolo jeroglífico shemshemet es su palabra. Se usaba a menudo en la medicina egipcia, e incluso se vendía en su versión de farmacias. También era una cura conocida para las mujeres con "mal humor".

Los antiguos indios importaban cannabis de los mismos comerciantes que lo hacían los babilonios. De hecho, es posible que reconozcas la palabra que los indios usaban para la marihuana: Ganjha. Textos antiguos que datan de alrededor de 1600 a. C. los mencionan usando marihuana para tratar la ansiedad y otras afecciones.

Las antiguas culturas griegas también conocían el cultivo de cannabis en Oriente Medio, e incluso se decía que su dios del vino y la intoxicación, Dioniso, se originó allí. También eran conocidos por participar en baños de vapor, excepto que el vapor a menudo no era vapor de agua, sino humo de cannabis que llenaba una habitación para drogar a la gente. Es básicamente una forma antigua de la práctica llamada *"hotboxing"* (fumar dentro de una pequeña área cerrada).

· · ·

Los romanos estaban muy interesados en la marihuana, y hay toneladas de evidencia que habla de que la usaban. Un famoso científico romano, Plinio, menciona la " hierba de la risa" conocida por intoxicar a las personas, y el médico romano Galeno escribió sobre cómo el cannabis se usaba para cualquier cosa, desde quemaduras hasta tumores e inflamación, pero también que se cocinaba en postres y se servía en fiestas.

Los chinos fueron una de las primeras personas en convertirse en grandes exportadores de cannabis. Los antiguos chinos cultivaban cáñamo para papel, cestas y varios textiles, pero también cultivaban cannabis con fines medicinales. Y el cannabis fue uno de los productos básicos más comercializados en la Ruta de la Seda durante la antigüedad. El emperador chino Shen Nung escribió sobre el uso de la marihuana como medicina en 2737 a.C.

El producto de cannabis más antiguo jamás descubierto es una cuerda hecha de cáñamo que se encontró en 1997 en la República Checa y data del 26.900 a.C. No está del todo claro si las culturas checas usaban cannabis además del cáñamo, especialmente porque la mayoría de los demás documentos muestran que las culturas orientales introdujeron la marihuana en lo que ahora conocemos como Europa, pero definitivamente sabían sobre el cáñamo.

. . .

La marihuana llegó a Estados Unidos con los colonos de Jamestown a principios de 1600 y tanto Washington como Jefferson la cultivaron en sus plantaciones. Se dice que había alrededor de 20,000 acres de producción de cáñamo en los Estados Unidos, casi todos en Kentucky. Se encontró un poco a lo largo del río Platt en Nebraska, y Arkansas tenía un acre. En comparación, la producción de algodón fue 1400 veces mayor con alrededor de 28 millones de acres en producción.

La principal especie cultivada para hacer cáñamo fue *C. sativa*, una especie que probablemente se originó en Asia Central y Medio Oriente. En 1875, se describió que una segunda especie, *C. indica*, con un hábito más achaparrado, más ramificado y folíolos más gruesos, se encontraba en la India y a lo largo de las montañas del Himalaya hasta Pakistán.

Ambas especies tenían numerosas "razas locales" que mostraban características únicas que evolucionaron a medida que los agricultores seleccionaban las características deseadas.

El consumo de marihuana en Europa como droga probablemente evolucionó a partir de la guerra y el contacto de los aburridos soldados franceses con las clases más pobres de Egipto. En mayo de 1798, Napoleón destinó un ejército para ocupar Egipto. Frustrado por el éxito limitado, dejó atrás el ejército un año después bajo el mando de sus oficiales.

Las tropas estaban inquietas porque el país islámico no permitía el alcohol. Entonces las tropas comenzaron a usar hachís y cannabis como reemplazo. Entonces, cuando Napoleón y sus tropas regresaron de Egipto, también trajeron consigo una tonelada de cannabis.

Sin vino, los soldados participaron de los vicios locales. Aunque el comandante a cargo (Abdulla Menou) prohibió el uso del hachís en octubre de 1800, el uso de la marihuana se extendió a Europa. En la década de 1830, un médico escocés escribió sobre las propiedades medicinales de la marihuana; en 1850 fue reconocido como parte de la farmacopea americana.

Para 1900, el uso médico de la marihuana había perdido importancia cuando una nueva droga milagrosa, los derivados del opio inyectables, tomaron su lugar. Mientras tanto, el uso de la marihuana se había establecido en los campos de caña de azúcar del Caribe y en partes de México donde los supervisores lo vieron como una forma de apaciguar al campesinado con exceso de trabajo y mal pagado que hacía el trabajo duro.

La rebelión mexicana de 1910 persiguió a los mexicanos al norte de la frontera para escapar de las hostilidades; los estados del sudoeste respondieron en 1913 cuando comenzaron a aprobar leyes que prohibían el uso de la "hierba asesina".

Mientras tanto, los migrantes de Jamaica y otras islas del Caribe llegaron a Nueva Orleans, donde introdujeron el consumo de marihuana a los músicos de jazz que llegaron a las comunidades más pobres de las ciudades del norte. En combinación con la Enmienda 18 en 1920 que prohibía la venta de alcohol, la marihuana se estableció firmemente en las clases bajas de la sociedad estadounidense. En 1937 se promulgó la Ley de Sellos Fiscales de Marihuana a nivel federal y los usuarios y traficantes comenzaron a pasar un mal rato.

Luego, los soldados de la guerra de Vietnam y los hippies entraron en escena donde el sexo, las drogas y el rock and roll se convirtieron en el canto de sirena de una generación. Ni la guerra contra las drogas de Nixon ni la de Regan fueron especialmente efectivas para detener la ola del consumo de marihuana.

Hubo un incremento nacional en el interés sobre la horticultura con el objetivo cultivar marihuana y esto condujo a muchas líneas de marihuana híbrida que convirtieron la planta de cáñamo no especialmente potente en los potentes cogollos que se exhiben en vasos de vidrio en las tiendas de marihuana medicinal ahora legales.

5

Legalización de la marihuana en Estados Unidos

Es bien sabido que la marihuana fue utilizada como sustancia medicinal por muchas civilizaciones antiguas alrededor del año 2700 a.C., incluidos chinos, indios y romanos, incluidos Galeno y Plinio el Viejo.

Aunque el propósito original de la marihuana era usarse con fines medicinales, también se estaba volviendo claro que los europeos veían la planta más como una fuente útil de fibra debido a sus cualidades de planta de rápido crecimiento y para todo clima.

El uso de la marihuana, especialmente para la fabricación de cuerdas, creció dramáticamente a medida que el descubrimiento se hizo más común entre los viajeros de barcos a medida que aumentaba la demanda de fuentes nacionales y extranjeras. Por lo tanto, más personas lo plantaron durante sus viajes para tener una gran fuente de materia prima de cuerda y la disponibilidad más rápida que ofrecía a su llegada. Hubo una resistencia considerable al uso de la planta por parte de todos los países americanos durante este tiempo.

Tras ser introducida en Chile en 1545, la planta de cannabis se extendió por América, donde se cultivó lo que hoy conocemos como marihuana. En 1606 llegó a Port Royal, Acadia. Una mujer de cuarenta años que más tarde se llamaría Elizabeth, que fue la primera esposa del rey Felipe III, cultivó allí la planta.

Debido a que la mayoría de la ropa fabricada en Turquía se fabricaba localmente y no se importaba de Europa, lo que reducía el costo de las importaciones, un gobierno de turno decretó que el cultivo de cáñamo debía legalizarse y ordenarse a gran escala.

Cuando el precio de la planta aumentó principalmente debido a la industria textil en 1815, el médico irlandés William O'Shaughnessy comenzó a investigar sus propiedades medicinales, en la facultad de medicina de Calcuta.

En el año 1860 se llevó a cabo una conferencia internacional, cuyo objetivo principal fue fomentar el uso de la marihuana con fines medicinales. La sociedad médica de Ohio lo consideró beneficioso desde el punto de vista médico como un poderoso analgésico y sedante, sin embargo, su uso duró muy poco tiempo antes de que otros compuestos sintéticos comenzaran a reemplazarlo. Poco tiempo después la heroína se introdujo en el mercado en 1874 y la aspirina se introdujo en el mercado en 1899.

A principios del siglo XX, "cannabis" se refería a la planta cruda. El término "marihuana" se ha utilizado durante el último siglo para referirse al uso recreativo. Se dice que la práctica de fumar de manera recreativa fue llevada por marineros y personas de las Indias Occidentales a las ciudades portuarias del sur.

Bajo fuertes contextos raciales y discriminatorios, se presentaba a la marihuana como una droga comúnmente utilizada por los afroamericanos, los mexicanos, los músicos y los blancos de clases muy bajas. De esto se desprendieron fuertes persecuciones policiacas, y en la actualidad aún se realiza una gran cantidad de arrestos por posesión de marihuana, en su mayoría sobre minorías étnicas.

En 1937, con la aprobación de la Ley del Impuesto sobre el Refinamiento de la Marihuana, el Gobierno prohibió efectivamente la venta y posesión de cáñamo en los Estados Unidos a través de duros impuestos especiales sobre la venta de cáñamo, la posesión de cáñamo y la adquisición de cáñamo.

. . .

En octubre de 1937, se produjo el primer arresto por posesión de cannabis a través de esta ley federal debido a que un agricultor fue sorprendido vendiendo marihuana en las calles.

Samuel Caldwell, de 58 años, fue uno de los agricultores arrestados por vender cannabis. Algunos campos de cáñamo en Wisconsin se cultivaron hasta 1957, pero el uso de cáñamo como producto principal no se permitió hasta 1955.

La Ley del Impuesto al Cannabis, inició una fuerte barrera para evitar que la gente comprara Marihuana. Esto resultó en que en la farmacopea (libros recopilatorios de recetas de productos con propiedades medicinales, tanto reales como supuestos) se prohibiera añadir sustancias como el cannabis. Al menos durante décadas, ha habido un estigma en torno a la planta, e incluso en el área de medicina.

La Legislación de Sustancias Controladas de 1970, que se consideraba ampliamente como parte de la guerra contra las drogas del presidente Nixon, derogó la Ley de Impuestos al Cannabis para evitar que el cannabis afectara negativamente a otros de manera efectiva.

Todavía es ilegal bajo la ley federal poseer marihuana en los Estados Unidos. Actualmente está clasificado como un fármaco de la Lista 1, lo que hace que la investigación sobre sus valores medicinales sea muy difícil. El significado de la Lista 1 parece poco claro para los médicos, ya que no parece tener sentido a la luz de los muchos beneficios documentados del cannabis.

Algunos médicos creen que la marihuana tiene un gran potencial para ayudar a curar todo tipo de condiciones, pero están amenazados con multas federales si la usan como terapia complementaria en hospitales o universidades.

Sin embargo, la Ley de Nixon descuidó las recomendaciones hechas por la Comisión Nacional en Marihuana y Abuso de Drogas (NCMDA por sus siglas en inglés), quienes establecieron que la marihuana tenía un grave peligro potencial para la salud pública. Por lo tanto, recomendaron un castigo menos exagerado por posesión menor.

Si bien a lo largo de los años ha surgido una mayor conciencia sobre los impactos potenciales del consumo de marihuana, la cultura cada vez más popular y las películas que satisfacen el deseo aparentemente incontenible de darse atracones no han disminuido las dificultades generales asociadas con el consumo de cannabis. La marihuana se presentó como una puerta de entrada a drogas más peligrosas.

. . .

Posteriormente, el presidente Theodore Roosevelt promulgó una ley en 1906 según la cual el nombre de la droga y la cantidad contenida en la botella deben escribirse en cada recipiente que contenga la droga, y el Ayuntamiento de Washington implementó esta ley. Como resultado de esta ley, la marihuana estaba altamente regulada y se aprobó una ley federal que la hacía cumplir en la 'Ley de Alimentos y Medicamentos Puros'.

Tras la declaración de James Russell Lowell sobre la prohibición del opio en 1867, siguieron leyes como la Ley *Harrison Narcotic Tax Act* de 1914, que puso fin al cultivo de opio y coca y permitió el acceso al cannabis con permisos especiales.

Durante el último año, la indignación pública ha crecido en los EE.UU. debido a las nuevas leyes.

Después de la Revolución Mexicana, en la que casi un millón de inmigrantes mexicanos se aventuraron a los Estados Unidos, hubo una disminución sustancial en el uso público de la marihuana, lo que se atribuyó a sentimientos antimexicanos, que respaldaron el prejuicio de que los mexicanos estaban muy acostumbrados al uso recreativo del cannabis.

. . .

Otra consecuencia de la depresión económica fue que los inmigrantes se quedaron sin trabajo, y la situación se agravó aún más a medida que competían por el empleo. Con el aumento de las tensiones raciales, el consumo de marihuana disminuyó rápidamente a medida que se hizo popular entre los negros, y la popularidad de otras drogas aumentó entre los residentes blancos.

Como resultado de la Ley de Marihuana de 1937, la posesión o transferencia doméstica se declaró ilegal en los Estados Unidos, excepto si la posesión o el tráfico tenían fines médicos o industriales. La Junta Nacional de Control de Narcóticos, dirigida por Harry Anslinger, impulsó un movimiento contra el cannabis tras descubrir que en el país había altas cantidades de morfina y otras sustancias psicoactivas.

El gobierno violó de inmediato esta ley, que fue vista como una caída inmediata en el consumo de marihuana en los Estados Unidos. La Ley Boggs de 1952 y la Ley de Uso Indebido de Drogas de 1956 se aprobaron y se convirtieron en ley después de la Segunda Guerra Mundial.

El objetivo principal de estos actos era frenar el abuso de la marihuana. Hay ciertas sentencias asociadas con delitos relacionados con la marihuana y otras drogas relacionadas que eran impuestas a los condenados por estos delitos.

. . .

La ley requería que los infractores primerizos pagaran una multa de $20,000 (en esos tiempos, que se traducirían a $175,000 al día de hoy) o cumplieran una pena de prisión de 2 a 10 años; o ambas, incluso aunque cumplir tiempo en la cárcel no era una opción ya que todavía se presumía que era la primera vez que la persona en cuestión cometía un delito.

A principios del siglo XX hubo una explosión en el uso de la marihuana con fines recreativos. Esto se puede atribuir a un auge en el consumo de marihuana entre 1960 y 1970. Durante el mismo período, muchos pensaban que el LSD no era dañino, aunque en general no se sabe que sea tóxico en sí.

Varios años antes de que se aprobara la Ley Integral de Prevención y Control del Abuso de Drogas de 1970, el presidente Lyndon Johnson firmó una ley que redujo las penas por posesión de cannabis. Si bien hubo una criminalización generalizada de muchas drogas simultáneamente, muchas siguieron siendo legales. Ese mismo año, se aprobó una ley que dictaminaba que la marihuana no ayudaba a mejorar la protección que brindaban las vacunas y podía ser peligrosa si se abusaba de ella.

Según información recabada sobre el presidente Richard Nixon en 1971, el 22 de septiembre de 1971 Estados Unidos declaró la guerra a las drogas, declarando que el consumo de drogas era contra la ley y, por lo tanto, era atentar contra el país.

Ya en 1973, se estableció la Administración de Control de Drogas (DEA) para ayudar a controlar, prevenir y combatir el uso de drogas ilegales. Durante la Guerra Fría, su estado aprobó la ley contra la marihuana, y la cocaína se convirtió en una de las drogas de mayor abuso a nivel nacional, lo que condujo al surgimiento de sentimientos antidrogas.

La primera dama, Nancy Reagan, concibió la campaña "Just Say No" en 1982, y el programa DARE se estableció en 1983. Sin embargo, estos programas antidrogas a menudo eran ineficaces y con frecuencia impulsaban la curiosidad de los jóvenes por consumir drogas en su lugar.

El SIDA también se estaba extendiendo como un reguero de pólvora por todo el mundo durante este período. Las náuseas y la pérdida de apetito de los pacientes con SIDA mejoraron debido a las propiedades estimulantes del apetito del cannabis, lo que hizo que la legalización de la marihuana medicinal aumentara en popularidad entre la comunidad.

Los mismos beneficios también podrían extenderse a los pacientes con cáncer que recibían quimioterapia. En 1988, el juez Francis Young celebró una audiencia sobre la posibilidad de mover la marihuana a la Lista II, regulando el uso médico limitado.

El juez estableció que el cannabis medicinal estaba teniendo éxito en el alivio de los síntomas de los pacientes que no controlaban sus síntomas. A la par, se comenzaba a descubrir que la marihuana medicinal era efectiva y segura, y un número significativo de pacientes que sufrían de problemas graves de salud habían logrado obtener sus recetas de cannabis medicinal.

El Departamento de Educación rechazó la propuesta de Young, y para el Departamento relacionado con la Salud y los Servicios Humanos, el consumo de la marihuana siguió siendo ilegal, a nivel federal. Para 1996, el apoyo del público de California a la legalización de la marihuana había crecido lo suficiente como para lograr que el estado aprobara una enmienda constitucional que permitía cultivar, distribuir y usar la marihuana como tratamiento médico. Varios estados se unieron a California en 1998 y, en los años siguientes, se unieron cinco más.

Como resultado, estalló una competencia entre los gobiernos estatal y federal por la marihuana. Si estuviera estrictamente prohibido a nivel federal, ¿podrían los estados eludir la ley federal para hacer cumplir las regulaciones de cannabis medicinal por sí mismos? Como resultado, la Administración de Drogas y Alimentos, el Departamento de

Energía y el Instituto Nacional sobre el Abuso de Drogas se establecieron para proteger a los consumidores estadounidenses de los peligros que representaban las sustancias no probadas y mantenerlos seguros al regular la legalización de nuevas drogas.

Sin embargo, muchos votantes en Vermont creían que estos grupos estaban obstruyendo la legalización de la marihuana. Votaron para legalizar la marihuana medicinal a nivel estatal a pesar de una ley federal que se negó a ser legalizada. Como resultado, tales acciones llegaron al resultado de ser un medio más rápido de legalización, pero bajo el riesgo de una mayor criminalización.

El Instituto Nacional sobre el Abuso de Drogas (NIDA, por sus siglas en inglés) tuvo que aprobar el uso de marihuana en estudios de investigación para que los productos de marihuana en los estudios fueran legales. Sin la aprobación del NIDA; ningún estudio de investigación podría continuar. El problema es que el NIDA no existe para estudios médicos sino para la investigación de efectos dañinos. Dado que el NIDA ha sancionado la investigación sobre este fármaco, todos los estudios iniciados hasta ahora se han centrado en sus propiedades nocivas.

Los resultados de las investigaciones han demostrado consistentemente que, a pesar de los altos riesgos asociados con fumar marihuana, también se puede ayudar a algunas personas. A raíz de los estados que legalizaron la marihuana, las tasas de criminalidad no aumentaron drásticamente, lo que refleja un sólido experimento social que había comenzado. Hubo un cambio público en la opinión del público sobre el caso, que llegó al Departamento de Justicia.

A principios de 1969, menos del 12 por ciento de los estadounidenses creían que la marihuana debería legalizarse.

Actualmente, los demócratas y los republicanos están divididos casi por igual en su opinión sobre la legalización; el 59 % está a favor de la idea, mientras que el 37 % está a favor.

Antes de las elecciones intermedias de 2014, Washington y Colorado legalizaron la marihuana medicinal, mientras que los grupos que apoyaban el consumo de drogas acusaron a los Centros para el Control y la Prevención de Enfermedades (CDC) de atacar la ciencia y negarle el acceso. Al mismo tiempo, el estatus federal de la marihuana permaneció sin cambios para uso médico y recreativo.

6

Usos y cepas de la marihuana

Muchas personas creen que la marihuana mejora su calidad de vida. La situación, la cepa y la persona dictan cómo les afecta el cannabis. Personas de todo el mundo la han usado por razones espirituales, médicas y sociales.

Muchos de los que usan cannabis con fines médicos quieren controlar problemas físicos o mentales o simplemente mejorar su salud en general. Si bien se puede pensar que esto es relativamente nuevo, se ha utilizado durante miles de años. Por ejemplo, ya vimos que los chinos la utilizaron en el 2700 a.C. para remediar enfermedades, y los textos egipcios también hablan de ella.

Hoy en día, muchos países, incluido Estados Unidos, la regulan. Si una persona desea utilizarla con fines medicinales, debe obtener una tarjeta de marihuana medicinal. No es difícil comenzar la evaluación para una tarjeta en estados como, por ejemplo, Oklahoma.

La ciudad de Broken Arrow tiene algunos de los mejores médicos del estado y se puede comenzar la evaluación en línea con un médico certificado en el uso de marihuana medicinal de la ciudad de Oklahoma, sabiendo que el estado permite que la mayoría de los solicitantes califiquen.

La gente usa la marihuana socialmente para divertirse y pasar tiempo con los demás. Esa es la razón principal por la que muchas personas hoy en día la usan. Aun así, aquellos en el pasado también lo usaron socialmente. Por ejemplo, los ricos de la antigua Roma tenían un postre hecho con sus semillas.

Lo disfrutaban por la buena sensación que provocaba. Y aunque los antiguos habitantes de la India no consumían alcohol, estaban bien con el cannabis. En las bodas lo servían ya que era señal de hospitalidad.

Hoy en día, muchos usuarios recreativos consumen marihuana para momentos específicos. Si se usa correctamente y no se toma demasiado, puede aumentar la concentración y relajación. Las personas la usan para ayudarles a disfrutar mejor socializando, comiendo, viendo películas o siendo creativos.

. . .

Incluso puede ser usada para hacer que las tareas poco interesantes, como las tareas domésticas, sean más emocionantes.

Muchos la integran en sus rutinas diarias. Podrían usarla todos los días de la misma manera que otros podrían usar café o alcohol.

Mucha gente relaciona el bienestar espiritual con la salud general, por lo que muchos han consumido cannabis por motivos religiosos. Aquellos que buscan conexión, iluminación o significado pueden buscarlo. Se ha utilizado tanto en el pasado como en el presente para prácticas espirituales. Por ejemplo, algunos hindúes, sikhs y rastafaris lo usan durante las ceremonias religiosas. Y algunas religiones en México usan el humo para ceremonias de purificación, a veces reemplazando el incienso con él.

Incluso aquellos que no están afiliados a una religión específica pueden usarla para el crecimiento personal, la contemplación o la reflexión. Debido a que algunas cepas son tan relajantes, pueden brindar perspectiva a aquellos que desean comprender situaciones difíciles. Otros creen que podría enseñarles algo.

Las personas pueden usarla para conectarse mejor con la naturaleza o para vincularse con otras personas. Con los sentimientos de conexión que trae, las personas pueden sentir una sensación de unidad. Cuando se usa correctamente, puede aumentar la calidad de vida de una persona.

El consumo de cannabis está aumentando en los Estados Unidos. Un estudio de 2018 señala que, si bien el consumo de cannabis entre los adolescentes ha disminuido, los adultos estadounidenses consumen cada vez más cannabis a diario. Se estima que la industria mundial del cannabis tiene un valor de 7.700 millones de dólares. Se proyecta que siga en crecimiento continuo y exponencial.

La industria está en auge en parte porque el cannabis puede ser una forma versátil de medicación. Varios estudios de investigación han encontrado que el cannabis tiene el potencial de ayudar con una variedad de afecciones médicas, incluida la ansiedad, el dolor crónico y la epilepsia.

Pero, como cualquier usuario de marihuana medicinal o recreativa puede decirte, no todo el cannabis es igual. Las diferentes cepas de cannabis producen efectos diferentes y, por lo tanto, pueden usarse por diferentes motivos.

Si ya has leído un poco sobre la marihuana, o si ingresas a la mayoría de los dispensarios, es posible que veas las palabras *índica*, *sativa* e híbrida. Generalmente, la mayoría de la gente divide la marihuana en estas tres categorías.

· · ·

Indica, que se origina en las montañas Hindu Kush de la India, tiene un efecto relajante en el usuario. *Sativa* tiene un efecto más energizante, mientras que el híbrido es una combinación de los dos. Sin embargo, muchos expertos de la industria están reconsiderando las categorías *índica*, *sativa* e híbrida, pues de acuerdo con ellos, estos términos carecen más o menos de sentido.

Los expertos ven muestras de todos los productos de cannabis probados a través de los laboratorios asociados, y cuando observan todos los datos (particularmente de la composición química de la flor), no se encuentran características identificables que sean consistentes con la clasificación como *indica*, *sativa* o híbrido.

Esencialmente, la gente usa estos términos como un comodín para el efecto que generan, pero no todos son consistentes con esos efectos. Algunas variantes de *indica* hacen que algunas personas tengan un considerable incremento en la energía, y no bloqueadas en el sofá como se esperaría, por ejemplo. En otras palabras, las personas no deberían alarmarse si una cepa *sativa* supuestamente energizante tiene un efecto más suave, o si una cepa *índica* los hace sentir más burbujeantes y excitables.

Más allá de *índica*, sativa e híbrida, los dispensarios pueden dividir los tipos de cannabis que tienen en cepas. Las cepas son esencialmente diferentes razas de cannabis, y se cultivan para tener efectos específicos en el consumidor.

. . .

Pero si los términos indica, sativa e híbrido son categorizaciones esencialmente inútiles, ¿los nombres de las cepas también carecen de sentido? No exactamente. No todas las semillas que se venden con el mismo nombre son genéticamente idénticas, o incluso necesariamente relacionadas.

Algunos productores pueden elegir crear un nombre de cepa esencialmente como un ejercicio de marca, o identificar su producto con un nombre existente porque creen que el producto coincide con las características que el mercado espera del producto vendido con ese nombre.

Sin embargo, todavía hay consistencias entre los productos vendidos bajo nombres de cepas específicas.

En general, para los nombres menos comunes, el producto vendido por diferentes proveedores tiende a ser bastante consistente, sin embargo, para los nombres de cepas más comunes, se vende una variedad más amplia de productos diferentes.

Si compras productos de una fuente de calidad, las cepas deberían ser más o menos consistentes. Sin embargo, se debe tener en cuenta que cada persona reacciona de manera diferente al cannabis. La cepa que elijas depende del efecto que desees.

. . .

Como se mencionó anteriormente, el cannabis tiene una variedad de usos médicos, pero algunas cepas son mejores para ciertas condiciones que otras. También vale la pena investigar los posibles efectos adversos de la cepa.

Muchas de las cepas más comunes, que se pueden encontrar a continuación, enumeran la boca seca, los ojos secos y los mareos como posibles efectos secundarios. La marihuana también tiene el potencial de interactuar con los medicamentos que podrías estar tomando. Tampoco se permite operar maquinaria cuando alguien use marihuana.

Oro de Acapulco

Originaria de Acapulco, México, el Oro de Acapulco es una variedad de cannabis muy conocida y elogiada. Se destaca por sus efectos energizantes que inducen euforia. Se dice que reduce la fatiga, el estrés, el dolor e incluso las náuseas.

Blue Dream

Blue Dream es una variedad relajante y calmante, pero no es un sedante total. Esto la hace perfecta para aliviar el dolor, los calambres o la inflamación cuando no puede permitirse el lujo de conciliar el sueño. Además, se dice que levanta el ánimo y te da una sensación de euforia.

. . .

Purple Kush

Purple Kush es excelente para inducir un estado de felicidad que facilita el sentimiento de relajación, calma y sueño. A menudo se usa para reducir el dolor y los espasmos musculares. Cuenta con efectos sedantes, lo que significa que se puede utilizar para reducir el insomnio.

Sour Diesel

Esta es una cepa altamente energizante y que levanta el ánimo, es excelente para brindar a quien la tome una explosión de energía productiva. También tiene notables efectos desestresantes y analgésicos.

Bubba kush

Este es un tipo de cepa relajante que induce al sueño.

Es perfecto para ayudar a quien la tome a combatir el insomnio y dormir un poco. También ofrece resultados que reducen el dolor y alivian el estrés.

. . .

Granddaddy Purple

Hablamos de otra cepa muy relajante. A menudo es elogiada por sus resultados para combatir el insomnio y reducir el estrés. Los usuarios también notan que puede hacerte sentir euforia y aumentar el hambre, lo cual es excelente si experimentas falta de apetito.

Kush afgana

Originaria de las montañas Hindu Kush, cerca de la frontera entre Afganistán y Pakistán, la *Afghan Kush* es muy relajante e induce al sueño. Esto también puede ayudar al consumidor a sentir hambre si experimenta falta de apetito y puede aliviar el dolor.

LA Confidential

Esta es otra cepa relajante e inductora del sueño que se usa a menudo para calmar el insomnio. También se dice que tiene notables efectos antiinflamatorios y analgésicos, lo que la convierte en una de las favoritas entre las personas con dolor crónico.

Maui Wowie

. . .

Este tipo de cepa puede ayudar a quien la consuma a sentir un gran relajamiento, pero a la vez sentir energía y creatividad. También reduce la fatiga, lo que lo hace ideal para los días en que se necesita ayuda a la productividad.

Cabra Dorada

La *Golden Goat* se destaca por hacer que los usuarios se sientan eufóricos y creativos. También es excelente para reducir la fatiga y el estrés mientras que a la vez levanta el ánimo.

Auroras boreales

*Northern Light*s es otra cepa relajante que induce al sueño. También es conocida por sus efectos para levantar el ánimo y puede usarse para aliviar el insomnio, el dolor, el estrés y la depresión.

La viuda blanca

White Widow es una cepa que mejora el estado de ánimo, da energía y relaja, todo a la vez. Se dice que ayuda a reducir el dolor y el estrés, así como los sentimientos de depresión. Si una persona se siente fatigada, *White Widow* podría ayudarle a mantenerse con energía y alerta.

Super Silver Haze

Se dice que *Super Silver Haze*, otra cepa energizante, produce sentimientos de euforia, alivia el dolor y las náuseas, y levanta el ánimo. Esto la hace excelente para aliviar el estrés.

Pineapple Express

Hecha famosa por la película homónima de 2008, *Pineapple Express* tiene un aroma a piña. Es relajante y levanta el ánimo, pero también se dice que te da un subidón energético. Este es el tipo de cepa que podría ser excelente para la productividad.

Fruity Pebbles

Fruity Pebbles OG, o *FPOG*, se asocia con la inducción de euforia y relajación, lo que podría hacer que sea excelente para aliviar el estrés. A menudo hace que los usuarios se sientan risueños, ayuda a reducir las náuseas y aumenta el apetito.

7

Cultivo de marihuana

Las plantas de cannabis pasan por una serie de etapas a medida que crecen y maduran, y esas diferentes etapas de crecimiento requieren diferentes cantidades de luz, nutrientes y agua. Es importante conocer estas etapas y cuánto dura cada una para saber qué necesita la planta y cuándo.

Saber dónde se encuentran las plantas de cannabis en su ciclo de vida determinará cuándo podarlas, entrenarlas y colocarlas en espaldera, y cuándo cosecharlas. En términos generales, se necesitan entre 10 y 32 semanas, o entre 3 y 8 meses, para cultivar una planta de marihuana a partir de una semilla. Será más rápido si empiezas con un clon o una semilla auto-floreciente.

. . .

La mayor variabilidad en el tiempo que tarda en crecer una planta de marihuana ocurrirá en la etapa vegetativa, después de la fase de plántula y antes de la floración.

Si estás cultivando en interiores, puedes forzar a una planta de marihuana a florecer después de unas pocas semanas cuando es pequeña, o después de varias semanas cuando es grande. Si cultivas en exterior, estás al capricho de las estaciones y tendrás que esperar a que el sol empiece a bajar en otoño para que florezca y luego coseches.

Si cultivas al aire libre en el hemisferio norte, los cultivadores suelen obtener sus semillas entre febrero y abril, y deberías empezar a cultivar a finales de abril. Algunos cultivadores plantarán sus plántulas en el interior en un ambiente más controlado porque las plántulas son más delicadas, y luego colocarán sus semillas en el suelo afuera una vez que sean un poco más grandes.

Si estás cultivando clones o auto-florecientes, tienes un período de gracia de otro mes más o menos. Por lo general, las plantas deben estar afuera, en el suelo, a fines de junio.

La cosecha ocurre en algún momento entre septiembre y noviembre. Esto depende del clima local, así como del clima de ese año en particular: un año podría ser a fines de septiembre, el siguiente, a fines de octubre, y los productores en el noroeste del Pacífico tendrán que retirar sus cultivos antes que los de California del norte.

Si cultivas marihuana en interiores, puedes hacerlo cuando quieras.

Se debe tener en cuenta que el ambiente exterior afectará el espacio de cultivo; es posible que se deban agregar calentadores en el invierno o ventiladores y aire acondicionado en el verano. Aparte de eso, se puede comenzar a plantar las semillas cuando se desee y convertirlas en flores cuando se desee, dependiendo de qué tan grandes se quieran las plantas.

El equinoccio de primavera es un buen recordatorio de que es hora de iniciar el proceso de cultivo al aire libre y empezar a germinar las semillas. A medida que el sol se eleva en el cielo, el cannabis también querrá hacerlo, por lo que debes asegurarte de que todas tus plantas estén afuera para el solsticio de verano.

El clima comenzará a cambiar y el sol comenzará a descender en el cielo mientras tus plantas engordan con cogollos dulces y pegajosos. Puede ser tentador, pero debes esperar hasta alrededor del equinoccio de otoño para comenzar a cosechar.

. . .

Todo debe limpiarse, secarse y curarse mucho antes del solsticio de invierno. Ahora es un buen momento para hacer mantequilla de cannabis, tópicos o tinturas con todos los recortes de la cosecha.

No se puede enfatizar lo suficiente en que los marcos de tiempo de los que hablamos en este libro son rangos de tiempo para el hemisferio norte. Deberán ser ajustados según la región específica y el clima y temperatura locales.

También es recomendable llevar un diario de cultivo para seguir el progreso de crecimiento de las plantas. Revisar las notas te ayudará a aprender de los errores y a maximizar la calidad y cantidad de los cogollos, por lo que es importante tomar notas meticulosas sobre cuándo y cómo se realiza cada paso, así como también cómo es el clima.

Otras notas pueden incluir cuánta agua se les da a las plantas, a qué intervalos y cuántos nutrientes reciben. Las imágenes también darán una mejor idea de cómo se ven las plantas en el camino, por lo que las fotografías pueden ser una gran ayuda visual.

Las etapas de crecimiento de la marihuana se pueden dividir en cuatro etapas principales, desde la semilla hasta la cosecha: germinación (3-10 días), plántula (2-3 semanas), etapa vegetativa (3-16 semanas) y floración (8-11 semanas).

. . .

La primera etapa de la planta de marihuana comienza con la semilla. Una semilla de cannabis debe sentirse dura y seca, y tener un color entre marrón claro y oscuro; una semilla sin desarrollar es generalmente blanda y de color verde o blanco y es probable que no germine. La duración de la germinación de la semilla toma de 3 a 10 días y requiere 16 horas de luz al día.

Una vez que la semilla haya germinado o brotado, estará lista para ser colocada en un medio de cultivo, como la tierra. La raíz principal se desplazará hacia abajo mientras que el tallo de la plántula crecerá hacia arriba.

Dos hojas de cotiledón redondeadas crecerán del tallo a medida que la planta se despliega de la cubierta protectora de la semilla. Estas hojas iniciales son responsables de absorber la luz solar necesaria para que la planta se vuelva sana y estable.

A medida que se desarrollen las raíces, el tallo se elevará y comenzarás a ver crecer las primeras hojas de abanico icónicas, momento en el que tu planta de cannabis se puede considerar una plántula.

. . .

Cuando la planta de marihuana se convierta en una plántula, notarás que desarrolla más hojas de abanico de cannabis tradicionales. Como brote, la semilla inicialmente producirá hojas con una sola hoja rugosa. Una vez que se desarrolle un nuevo crecimiento, las hojas desarrollarán más láminas (3, 5, 7, etc.).

Una planta de cannabis madura tendrá entre 5 y 7 hojas por hoja, pero algunas plantas pueden tener más.

La duración de esta etapa es de 2 a 3 semanas en las que también se requerirá un ciclo de luz de 16 horas al día. Las plantas de cannabis se consideran plántulas hasta que comienzan a desarrollar hojas con el número completo de hojas en las nuevas hojas de abanico. Una plántula saludable debe tener un color verde vibrante.

Se debe tener mucho cuidado de no regar demasiado la planta en su etapa de plántula: sus raíces son tan pequeñas que no necesita mucha agua para prosperar.

En esta etapa, la planta es vulnerable a enfermedades y moho, por lo que es importante también mantener su entorno limpio y controlar el exceso de humedad. Asegúrate de darle mucha luz.

Incluso si cultivan al aire libre, muchos cultivadores comenzarán sus semillas en el interior bajo una luz artificial para ayudarlas en esta delicada etapa del crecimiento de la marihuana. Si compras un clon a un cultivador o criador, será una plántula, por lo que puedes saltarte la fase de germinación de la semilla.

La etapa vegetativa del cannabis es donde realmente despega el crecimiento de la planta. En este punto, se ha trasplantado la planta a una maceta más grande y las raíces y el follaje se están desarrollando rápidamente. Este es también el momento de comenzar a desmochar o entrenar las plantas.

Esta etapa dura de 3 a 16 semanas y aquí existe una diferenciación en el ciclo de luz. Para planta al interior, se requieren 16 horas de luz al día, mientras que al aire libre se requieren al menos 6 horas de luz solar directa además de varias horas de luz indirecta.

Se debe tener cuidado de aumentar el riego a medida que la planta se desarrolla. Cuando es joven, la planta necesitará agua cerca del tallo, pero a medida que crezca, las raíces también crecerán hacia afuera, así que se deberá comenzar a regar más lejos del tallo en el suelo para que las raíces puedan estirarse y absorber el agua de manera más eficiente.

Las plantas vegetativas aprecian un suelo saludable con nutrientes, por lo que es bueno alimentarlas con un nivel más alto de nitrógeno en esta etapa.

. . .

Para lograr determinar el sexo de las plantas (para descartar los machos), éstas comenzarán a mostrar los órganos sexuales unas semanas después de la etapa vegetativa. Es imperativo separar los machos para que no polinicen a las hembras.

La etapa de floración es la etapa final del crecimiento de una planta de cannabis. Aquí es cuando las plantas comienzan a desarrollar cogollos resinosos y el arduo trabajo se hará realidad. La mayoría de las variedades florecen en 8 a 9 semanas, pero algunas pueden tardar incluso más, especialmente algunas sativas.

Es por esto que se promedia una duración de la etapa de floración en 8 a 11 semanas, y aquí, el ciclo de luz requerido es de 12 horas al día. En el exterior, la floración se produce de forma natural cuando la planta recibe menos luz cada día a medida que el verano se convierte en otoño. Los cultivadores de interior pueden activar el ciclo de floración reduciendo la cantidad de luz que reciben las plantas de marihuana de 16 a 12 horas al día.

Dentro de la etapa de floración, hay tres sub-fases:

1. Iniciación de la floración (semana 1-3): la planta

continuará creciendo y las hembras desarrollarán pre-flores, lo que significa que crecerán pistilos o pelos blancos, que son el comienzo de los cogollos.
2. Media floración (semana 4-5): la propia planta dejará de crecer y los cogollos empezarán a engordar.
3. Floración/maduración tardía (semana 6 en adelante): la densidad de tricomas aumentará y las plantas se volverán muy pegajosas; aquí se debe vigilar el color de los pistilos para saber cuándo cosechar.

Hay una serie de cambios a considerar una vez que las plantas pasan de la etapa vegetativa a la etapa de floración: no se debe podar cuando las plantas están en etapa de floración, ya que puede alterar sus hormonas; las plantas deben estar enrejadas para que los brotes reciban apoyo a medida que se desarrollan y sería bueno considerar darles a las plantas nutrientes para la floración (fósforo).

Los cogollos suelen crecer más hacia el final del ciclo de vida de floración. Probablemente no notarás muchos brotes al comienzo de la etapa de floración, y se ralentizará hacia el final del ciclo, cuando los brotes estén completamente formados.

Una vez que los cogollos han alcanzado la madurez completa, es hora de cosechar tu marihuana, sin embargo, antes de hablar sobre eso, ahondaremos en las diferentes maneras de cultivar.

8

Cultivo en exteriores e interiores

EXTERIORES

Cultivar marihuana al aire libre es genial porque no necesitarás gastar mucho dinero en ello y puedes confiar en el poder del sol. Si tienes acceso a un lugar soleado en un jardín privado o incluso a un balcón, terraza o azotea, puedes cultivar marihuana en el exterior. Estarás atado al sol, las estaciones y el clima local, pero no tendrás que gastar mucho dinero en equipos y servicios como los cultivadores de interior.

Si cultivas marihuana al aire libre, es genial encontrar una comunidad de cultivadores de cannabis en tu área para ver cómo otros cultivan en tu clima específico. Los climas locales varían, por lo que puede ser útil ver qué cepas prosperan en el lugar donde te encuentras y también cuándo otros cultivadores están sacando semillas, cosechando y más.

También puedes unirte a foros en línea o grupos de redes sociales, pero un excelente lugar para comenzar es alguna tienda o criadero local.

Confiando en el poder del sol, no necesitarás gastar una tonelada de dinero en un cultivo al aire libre. Necesitarás un poco de tierra, fertilizante, semillas o clones, y tal vez un pequeño invernadero para que comiencen a germinar. No tendrás que pagar electricidad para luces, unidades de aire acondicionado o deshumidificadores, e incluso puedes recolectar agua de lluvia.

El cielo es el límite con las plantas de exterior: puedes dejar que crezcan tanto como quieras, siempre que sean manejables. ¡Una planta puede producir potencialmente entre media libra y una libra completa de hierba seca! Hacer crecer un puñado de manos para ti es más que suficiente.

Con un cultivo de interior, tu espacio es mucho más restringido, además, pueden ser un desperdicio, ya que usan una tonelada de electricidad para alimentar todas esas luces, ventiladores y otros equipos. ¡El sol y el viento son libres!

No subestimes el valor terapéutico de la jardinería. Es relajante pasar un tiempo al aire libre, arremangarse y ensuciarse las manos por un rato. Y no hay nada mejor que fumar algo que tú mismo/a cultivaste.

. . .

Es crucial tener una buena comprensión del clima en el área en la que vas a cultivar. El cannabis es muy adaptable a diversas condiciones, pero es susceptible a condiciones climáticas extremas.

Las temperaturas sostenidas por encima de los 30 °C harán que tus plantas dejen de crecer, mientras que las temperaturas continuas por debajo de los 13°C pueden causar daños y retraso en el crecimiento de las plantas, incluso la muerte.

Las fuertes lluvias y los fuertes vientos pueden causar daños físicos a las plantas y reducir los rendimientos, y la humedad excesiva puede generar moho y mildiu polvoriento, especialmente durante la etapa de floración.

Otro aspecto importante a considerar es la luz del sol. Las plantas de marihuana necesitarán pleno sol directo durante al menos 6 horas al día. Es posible que tengas un amplio patio trasero, pero puede que no sea bueno cultivar allí si este no recibe pleno sol todos los días.

Las plantas de cannabis deben recibir la mayor cantidad posible de luz solar directa, idealmente durante el mediodía, cuando la calidad de la luz es mejor. A medida que cambia la estación y se acerca el otoño, las plantas recibirán cada vez menos luz solar durante el día, lo que desencadenará la etapa de floración.

. . .

Tener una brisa constante es bueno para tus plantas, y especialmente en climas cálidos. Pero si vives en un área con muchos vientos fuertes, deberías considerar plantar cerca de algún tipo de protección contra el viento, como una pared, cerca o arbustos grandes.

También deseas considerar la privacidad y la seguridad.

Mucha gente quiere ocultar sus jardines de vecinos que verán mal a sus cultivos y ladrones potenciales. Las cercas altas y los arbustos o árboles grandes son la mejor opción, a menos que vivas en un área apartada. Además, la mayoría de las leyes estatales requieren que mantengas las plantas de cannabis ocultas de la calle.

Algunos productores plantan en contenedores en balcones o techos que están protegidos de la vista, mientras que otros construyen jaulas de alambre de gran calibre para mantener a raya a los ladrones y los animales.

Independientemente de lo que decidas, piensa qué tan grande quieres que sea tu planta final: las plantas de cannabis de exterior pueden crecer hasta 3 metros de altura o incluso más, dependiendo de cuánto las dejes ir.

. . .

Una parcela de jardín es probablemente el lugar de cultivo al aire libre más común, pues muchos plantarán cannabis junto con otras verduras en crecimiento. Por otro lado, un balcón puede ser un gran lugar si recibe buena luz (lo ideal es que esté orientado hacia el sur) y, por lo general, tendrá buen viento.

Sin embargo, es posible que debas cubrir tu balcón para evitar que los vecinos miren. Plantar en el techo puede ser excelente para el sol, pero puede tener demasiado viento.

El suelo, en un nivel básico, se define como la capa superior de la tierra en la que crecen las plantas; es una mezcla de restos orgánicos, arcilla y partículas de roca. Las plantas de cannabis prosperan en suelos ricos en materia orgánica y necesitan un buen drenaje.

La mayoría de los cultivadores de marihuana al aire libre cavan un hoyo y agregan tierra fresca para la planta, o cultivan su hierba en macetas. Esto te permitirá controlar mejor el medio de cultivo y la cantidad de nutrientes que reciben tus plantas.

Puedes plantar directamente en el suelo, utilizando el suelo preexistente, pero deberás comprender la composición de su suelo y modificarlo en consecuencia. Si sigues este camino, es recomendable analizar tu suelo, lo que minimizará los dolores de cabeza, y es fácil y relativamente económico. Una prueba de suelo te dirá la composición y el pH de su suelo, cualquier contaminante presente y recomendará materiales y fertilizantes para enmendar su suelo.

El suelo tiene tres consistencias básicas, en varias proporciones: arcilla, arena y limo. El suelo también varía en cuanto a su nivel de pH, la retención de agua, su textura, cantidad de nutrientes y drenaje.

El suelo limoso es el medio de cultivo ideal. Es fácil de trabajar, se calienta rápidamente, retiene la humedad, tiene buen drenaje y contiene muchos nutrientes.

La mejor tierra limosa es la marga oscura y quebradiza; es fértil y probablemente no necesite ninguna modificación.

Este tipo de tierra cuenta con un tamaño granular medio; es naturalmente fértil (contiene nutrientes), retiene el agua y estabiliza las plantas. Sin embargo, puede causar mal drenaje y compactarse fácilmente.

La tierra arenosa es fácil de trabajar, drena bien y se calienta rápidamente, pero no retiene bien los nutrientes, especialmente en ambientes lluviosos. Querrás cavar hoyos grandes para tus plantas y agregar compost, turba o fibra de coco, lo que ayudará a unir la tierra. En climas cálidos, el suelo arenoso debe cubrirse con mantillo para ayudar a retener el agua y evitar que las raíces se calienten demasiado.

Este tipo de tierra tiene un tamaño granular grande y pH bajo.

Cuenta con buen drenaje, evita la compactación, es fácil para trabajar y cuenta con altos niveles de oxígeno. Por otro lado, tiene una mala retención de agua, se seca rápidamente y los nutrientes se lavan de la tierra.

Los suelos arcillosos pesados drenan lentamente y no retienen bien el oxígeno, por lo que deberán modificarse mucho.

Unas semanas antes de plantar, se deberían cavar hoyos grandes donde colocarás tus plantas de marihuana y mezclar grandes cantidades de compost, estiércol, humus de lombriz u otra materia orgánica descompuesta. Esto proporcionará aireación y drenaje, así como nutrientes para las plantas.

Este tipo de suelos tiene un tamaño granular pequeño y pH alto. Proporciona minerales, retiene el agua y estabiliza las plantas; sin embargo, tiene un mal drenaje, el suelo es pesado y difícil de trabajar.

Si bien algunas plantas prosperan en sus suelos nativos, que suelen tener alguna de las composiciones enumeradas anteriormente, las plantas de cannabis se cultivan mejor en suelos que incluyan una combinación de las tres consistencias anteriores; esta mezcla se conoce como marga o suelo franco.

La mejor manera de identificar un suelo es tocándolo. ¿Cómo se siente? El suelo arenoso debe ser difícil de compactar, mientras que el limo debe compactarse en una bola apretada que no se desmorone. Cuando se aprietan, los suelos arcillosos deben formar una bola suelta que mantendrá su estructura momentáneamente antes de romperse en pedazos grandes.

El suelo franco es una mezcla de arena, limo y arcilla con pH casi neutro. Cuenta con un buen drenaje, buena retención de agua, es naturalmente fértil, fácil de trabajar, retiene bien los nutrientes, soporta microorganismos y cuenta con altos niveles de oxígeno. Sin embargo, puede ser costoso.

La mayoría de los suelos para macetas utilizados en jardinería tienen tierra franca. Si alguna vez has trabajado con tierra para macetas, sabrás que su composición es rica y diversa, y se ve oscura y abundante. Más allá de la textura y el color, la tierra debe tener un olor rico y vivo.

Para la mayoría de los jardineros primerizos, es recomendable comprar una tierra para macetas de calidad que proporcione a las plantas suficientes nutrientes para pasar la mayor parte de su ciclo de crecimiento sin tener que agregar muchas enmiendas. En este suelo pre-fertilizado, a menudo denominado "súper suelo", se puede cultivar plantas de cannabis de principio a fin sin ningún nutriente agregado si se usa correctamente.

Puedes mejorar el suelo por ti mismo/a, combinando humus de lombriz, guano de murciélago y otros componentes con un buen suelo y dejándolo reposar durante unas semanas, o puedes comprarlo prefabricado en un vivero o tienda de cultivo local.

Mientras compras tierra, es posible que te abrumen las opciones disponibles en tu tienda de jardinería local. El tipo de suelo es la estructura básica para escoger la tierra. A partir de ahí, mira los nutrientes, microorganismos y otras enmiendas que mejoran el suelo.

Tus opciones estarán inundadas de palabras como: perlita, composta de gusano, guano de murciélago, biocarbón, turba, compost, comida de pescado, harina de huesos, polvo de roca de glaciar o alimentos de origen vegetal.

Estos son solo algunos ejemplos de enmiendas comúnmente utilizadas en diferentes tipos de suelos. Los suelos muy modificados tendrán largas listas que descomponen todos los nutrientes orgánicos que contienen. Algunas compañías crean suelos que ofrecen una gran estructura con nutrientes básicos, pero te permiten llenar los vacíos como desees.

Es posible que debas poner todas tus plantas en contenedores si no tienes un suelo excelente. Además, si no puedes realizar el trabajo pesado necesario para cavar hoyos y enmendar el suelo, los contenedores pueden ser la única forma de cultivar tu propio cannabis al aire libre.

Si no tienes un trozo de tierra adecuado para hacer un jardín, se pueden colocar contenedores en terrazas, patios, techos y muchos otros lugares. Si es necesario, puedes moverlos durante el día para aprovechar el sol o protegerlos del calor o el viento excesivos.

Sin embargo, las plantas cultivadas en macetas, cubos o barriles probablemente serán más pequeñas que las plantadas en el suelo porque el crecimiento de sus raíces está restringido al tamaño del contenedor. En un sentido amplio, el tamaño de la maceta determinará el tamaño de la planta, aunque es posible cultivar plantas grandes en recipientes pequeños si se utilizan las técnicas adecuadas.

En general, las macetas de 5 galones son de buen tamaño para plantas de exterior pequeñas y medianas, y se recomiendan macetas de 10 galones o más grandes para plantas grandes. Independientemente del tamaño, querrás proteger las raíces de las plantas del sobrecalentamiento durante el clima cálido, ya que las macetas pueden calentarse rápidamente con la luz solar directa. Esto limitará severamente el crecimiento de tus plantas, así que asegúrate de dar sombra a tus contenedores cuando el sol esté alto en el cielo.

Las plantas de cannabis requieren una gran cantidad de nutrientes a lo largo de su ciclo de vida, principalmente en forma de nitrógeno, fósforo y potasio. La cantidad que necesites agregar a tus plantas dependerá de la composición de tu suelo.

Por lo general, al cultivar al aire libre se agregarán nutrientes al suelo cuando las plantas se trasplanten del invernadero al exterior. Los nutrientes para exteriores generalmente vienen en forma de polvo que se mezcla con la tierra.

Puedes comenzar con fertilizantes que sean económicos y fácilmente disponibles. Algunos liberan nutrientes rápidamente y la planta los usa fácilmente, mientras que otros tardan semanas o meses en liberar nutrientes utilizables. Si se hace correctamente, se pueden mezclar algunos de estos productos con los nutrientes para proporcionar suficientes beneficios para toda la vida de tus plantas. La mayoría de estos artículos se pueden comprar a bajo precio en cualquier vivero local.

Se recomiendan fertilizantes orgánicos como harina de sangre o harina de pescado para nitrógeno, harina de huesos o guano de murciélago para fósforo, ceniza de madera o harina de algas marinas para potasio, cal dolomita para calcio y magnesio, y sales de Epsom para magnesio y azufre.

También hay mezclas de tierra disponibles comercialmente que ya contienen la mezcla adecuada de este tipo de ingredientes. Para los cultivadores primerizos, se recomienda evitar los fertilizantes comerciales como los fertilizantes granulares de liberación prolongada. Se pueden usar, pero debes tener una buena comprensión de cómo funcionan y qué necesitan tus plantas.

También se desaconseja el uso de nutrientes diseñados para el cultivo de plantas en interiores; pues generalmente están compuestos de sales minerales sintéticas y pueden dañar las bacterias del suelo.

. . .

Una vez más, hacer que analicen tu suelo puede ser muy útil y te dirá cómo potenciar tu suelo y qué tipos y cantidades de fertilizante usar. Si no estás seguro/a de cuánto usar, sé conservador/a, ya que siempre puedes agregar nutrientes a la parte superior del suelo, lo que se denomina mantillo, si las plantas comienzan a mostrar deficiencias.

Interiores

Cultivar marihuana en interiores es genial porque puedes cultivarla en cualquier época del año y tendrás un control total sobre la planta y lo que pones en ella. ¿Vives en un departamento o en una casa pequeña? No te preocupes, puedes cultivar marihuana prácticamente en cualquier lugar, incluso si no tienes un patio trasero o mucho espacio adicional.

Aunque requiere más recursos que cultivar al aire libre y es probable que tengas que gastar más dinero en servicios públicos para alimentar equipos, puedes controlar todos los aspectos de tu entorno de cultivo y lo que pones en tu planta, lo que permite ajustar su configuración para crecer bajo la mejor calidad.

A diferencia del cultivo al aire libre, el cultivo no se condiciona al sol ni a las estaciones. Se podrá proporcionar todo el entorno que las plantas necesitan para crecer, incluido el medio de cultivo (tierra, lana de roca, etc.) y regular la cantidad de agua y nutrientes que reciben, además de controlar la temperatura, la humedad y más.

Puedes dejar que tus plantas crezcan tanto como desees y puedes controlar cuándo florecen y cuándo cosechas, además de poder comenzar otro lote de inmediato o cuando lo desees. Puedes cultivar en cualquier época del año, incluso durante el invierno o el verano, y obtendrás cosechas constantes cada vez.

Incluso en estados en donde cultivar marihuana es legal, es posible que desees ocultar tu cosecha de los vecinos y, definitivamente, de los ladrones potenciales. Cultivar en interior te permite cultivar discretamente detrás de una puerta cerrada.

Necesitarás un espacio dedicado para tus plantas de marihuana, no podrás moverlas. Lo ideal es que el espacio esté al lado de una ventana para que puedas ventilar el aire del espacio de cultivo exterior. ¡Las plantas de marihuana en crecimiento huelen! Especialmente cuando comience la floración, querrás redirigir el aire para que tu casa no apeste a marihuana.

Mucha gente hoy en día compra armarios de cultivo para sus plantas, pero no son necesarios. Pueden crecer en un armario, una tienda de campaña, un gabinete, una habitación libre o una esquina en un sótano sin terminar. Solo debes tener en cuenta que deberás adaptar tu equipo (y plantas) para preparar el espacio.

Es una buena idea comenzar poco a poco: cuanto más pequeño sea el cultivo, menos costoso será instalarlo. Los errores de los novatos serán menos costosos si solo tienes un puñado de plantas. Además, la mayoría de las leyes estatales solo permiten el cultivo de seis plantas, pero algunas permiten hasta 12.

Al diseñar el espacio, se deberá tener en cuenta el espacio para las plantas, así como el espacio para luces, ventiladores, conductos y otros equipos. También se necesitará espacio para trabajar en las plantas.

Las plantas de cannabis pueden duplicar su tamaño en las primeras etapas de la floración, ¡así que asegúrate de tener suficiente espacio libre! Cada espacio es diferente y habrá una curva de aprendizaje para crecer en el tuyo.

El cannabis, como todas las plantas, prefiere ciertas condiciones ambientales para prosperar. La temperatura, la humedad, la intensidad de la luz y el flujo de aire son factores que deberán controlarse y regularse para mantener el cannabis saludable en sus diferentes fases.

. . .

Aunque controlarás el clima dentro del espacio de cultivo, el clima fuera del espacio de cultivo afectará a tus plantas. Si el ambiente fuera de tu espacio de cultivo es muy cálido o húmedo, tendrás problemas para controlar tu cultivo. Por tanto, debes elegir un área fresca y seca con fácil acceso al aire fresco del exterior.

Si estás cultivando en un sótano frío y húmedo, es posible que debas usar un deshumidificador o un calentador para estabilizar el ambiente. Por el contrario, si tu espacio es demasiado caluroso, es posible que debas agregar ventiladores adicionales o un aire acondicionado para enfriar las plantas.

Un truco para evitar las altas temperaturas es tener las luces de cultivo encendidas durante la noche, cuando hace más frío afuera, y dejarlas apagadas durante el día cuando hace calor.

Esto puede ayudar a reducir las temperaturas, pero solo podrás trabajar en las plantas durante la noche cuando las luces estén encendidas.

Las plantas de marihuana necesitan diferentes cantidades de luz durante sus etapas vegetativas y de floración. No tienes que preocuparte por esto en un ambiente al aire libre, el sol y la estación dictan esto, pero cuando cultives en interiores, lo estarás controlando.

Las plantas necesitan de 16 a 18 horas de luz al día en la etapa vegetativa y 12 horas al día en la floración. La reducción de la luz de 18 a 12 horas al día es lo que desencadena el ciclo de floración, cuando las plantas de marihuana comienzan a producir cogollos.

Debido a que la cantidad de luz que recibe la planta es tan importante, deberás hacer que tu espacio de cultivo interior sea hermético a la luz. Las fugas de luz durante los períodos oscuros confundirán a las plantas y pueden hacer que produzcan flores masculinas o que vuelvan a una etapa diferente.

Diferentes luces producen diferentes colores de luz. Aquí hay un breve resumen de los tipos más populares de luces de cultivo de cannabis que se usan para el cultivo en interiores.

Las luces HID (descarga de alta intensidad) son el estándar de la industria, ampliamente utilizadas por su combinación de rendimiento, eficiencia y valor. Cuestan un poco más que las lámparas incandescentes o fluorescentes, pero producen mucha más luz por unidad de electricidad utilizada. Por el contrario, no son tan eficientes como la iluminación LED, pero cuestan mucho menos.

Los dos tipos principales de lámparas HID que se utilizan para el cultivo son el haluro metálico (MH), que produce una luz de color blanco azulado y generalmente se usa durante el crecimiento vegetativo; y el sodio de alta presión (HPS), que produce una luz que está más en el extremo rojo anaranjado del espectro y se usa durante la etapa de floración.

Además de las bombillas, las configuraciones de iluminación HID requieren un balasto y un capó/reflector para cada luz. Algunos balastos están diseñados para usarse con lámparas MH o HPS, mientras que muchos diseños más nuevos funcionan con ambas.

Las bombillas MH y HPS pueden no ser fácilmente accesibles, por lo que una buena alternativa es comenzar con bombillas HPS, ya que brindan más luz por vatio. Los balastros magnéticos son más baratos que los balastros digitales, pero se calientan más, son menos eficientes y más duros con las bombillas.

Los balastos digitales son generalmente una mejor opción, pero son más caros.

. . .

Se debe tener cuidado con los balastos digitales baratos, ya que a menudo no están bien protegidos y pueden crear interferencias electromagnéticas que afectarán las señales de radio y WiFi.

A menos que estés cultivando en un espacio grande y abierto con mucha ventilación, necesitarás campanas reflectoras enfriadas por aire para montar tus lámparas, ya que las bombillas HID producen mucho calor. Esto requiere conductos y ventiladores de escape, lo que aumentará su costo inicial, pero hará que controlar la temperatura en el cuarto de cultivo sea mucho más fácil.

Las lámparas fluorescentes, en particular las que usan bombillas T5 de alto rendimiento, son muy populares entre los cultivadores de cannabis a pequeña escala porque tienden a ser más baratas para instalar, ya que el reflector, el balasto y las bombillas están incluidos en un solo paquete. Además, no requieren un sistema de enfriamiento ya que no generan la cantidad de calor que generan las configuraciones HID.

El principal inconveniente es que las luces fluorescentes son menos eficientes y generan entre un 20 y un 30 % menos de luz por vatio de electricidad utilizado; el espacio es otra preocupación, ya que se necesitarían aproximadamente 19 focos T5 de cuatro pies de largo para igualar la salida de un solo foco HPS de 600 vatios.

. . .

La tecnología de diodos emisores de luz (LED) ha existido por un tiempo y se están volviendo más eficientes todo el tiempo. El principal inconveniente de las luces de cultivo LED es su costo: las luminarias bien diseñadas pueden costar 10 veces lo que costaría una configuración HID comparable.

Pero los beneficios son excelentes, pues los LED duran mucho más, usan mucha menos electricidad, generan menos calor y los mejores diseños generan un espectro de luz más completo, lo que puede generar mayores rendimientos y una mejor calidad.

Otro aspecto importante a considerar es que las plantas necesitan aire fresco para prosperar y el dióxido de carbono (CO_2) es esencial para el proceso de fotosíntesis. Esto significa que la planta necesitará una corriente constante de aire que fluya a través del cuarto de cultivo, lo que le permitirá sacar el aire caliente del espacio y traer aire fresco.

Esto se logra fácilmente colocando un extractor de aire cerca de la parte superior del espacio para aspirar el aire caliente (el aire caliente sube) y agregando un puerto o un ventilador pasivo en el lado opuesto del espacio cerca del piso para traer aire frío. Un intercambio de aire completo en todo el espacio de cultivo debe ocurrir una vez cada minuto más o menos.

Sin un flujo de aire adecuado, un espacio de cultivo puede experimentar cambios rápidos en la humedad o desarrollar focos de agotamiento de CO_2, ninguno de los cuales es bueno para el crecimiento de las plantas.

El agotamiento del CO_2 puede provocar el bloqueo de nutrientes, y las áreas de alta humedad son propensas a la infestación de plagas, moho u hongos.

También es una buena idea tener ventiladores oscilantes para proporcionar una brisa constante en el cuarto de cultivo, ya que fortalecerá los tallos de las plantas, haciéndolas más fuertes y saludables.

Para espacios pequeños o tiendas de campaña, los ventiladores con clip se pueden unir a estructuras como paredes, esquinas o vigas de soporte. Para cuartos de cultivo más grandes, se pueden utilizar ventiladores oscilantes de tamaño mediano o modelos de piso grande.

Los ventiladores deben colocarse para proporcionar un flujo de aire directo y uniforme en todo el jardín. Esto generalmente implica el uso de múltiples ventiladores que funcionan juntos o ventiladores que tienen capacidades de oscilación.

Debe haber un flujo de aire cómodo tanto por encima como por debajo del dosel, y los ventiladores no deben soplar aire directamente sobre las plantas; esto puede causar quemaduras por el viento, lo que hace que las hojas retrocedan en una deformación similar a una garra.

Si el espacio es demasiado húmedo, es posible que debas invertir en un deshumidificador.

Sin embargo, es necesario tener en cuenta que, si bien los deshumidificadores reducen la humedad, generalmente aumentan la temperatura; es posible que se necesiten más ventiladores o un aire acondicionado cuando se agregue un deshumidificador.

Conseguir el clima adecuado para las plantas puede ser un delicado equilibrio que involucra varios equipos y también mucha electricidad. Esto es parte de lo que hace que cultivar marihuana en interiores sea más caro que cultivar al aire libre.

Los ventiladores son imprescindibles en un espacio de cultivo para mover el aire, así que cómpralos antes que una unidad de aire acondicionado. Si encuentras que los ventiladores no bajan la temperatura lo suficiente, entonces es posible que desees invertir en un aire acondicionado.

Definitivamente querrás invertir en un temporizador para tus luces. Debido a que la cantidad de luz que recibe una planta determina su etapa vegetativa o de floración, es importante darle una cantidad constante de luz todos los días, y eso se hace con un temporizador. Es una buena idea revisar el temporizador al menos una vez a la semana para asegurarse de que funciona correctamente.

También se puede usar un temporizador para los ventiladores, pero un termostato es mejor: puede ser configurado a una temperatura específica y los ventiladores se encenderán cuando haga demasiado calor y se apagarán cuando haga demasiado frío.

La mayoría de los deshumidificadores y aires acondicionados tienen termostatos incorporados, pero si no los tienen, querrás comprar uno externo.

Para los cultivadores que tienen un poco de dinero extra para gastar y quieren un control total sobre su jardín interior, los controladores ambientales les permitirán automatizar el proceso. Estos aparatos son imprescindibles si estás fuera del jardín durante un largo periodo de tiempo.

. . .

Se puede conectar a un controlador, ventiladores, deshumidificadores, humidificadores, calentadores o acondicionadores de aire, y establecer umbrales mediante los cuales cada dispositivo se encenderá y apagará según su configuración ambiental ideal.

Algunas unidades funcionan de forma autónoma y realizan cambios en función de los parámetros establecidos, mientras que otras le permiten controlar cada elemento a través de una aplicación en un teléfono, tableta o computadora.

Deberás asegurarte de que las temperaturas se mantengan dentro de un rango cómodo para tus plantas, entre 21 y 30 °C cuando las luces están encendidas y entre 14 y 21 °F cuando están apagadas. Algunas variedades de cannabis, generalmente índicas, prefieren el lado más frío del rango, mientras que otras, típicamente sativas, son más tolerantes a las altas temperaturas.

En su mayor parte, el cannabis prefiere temperaturas específicas en cada etapa de crecimiento para una salud óptima: las plántulas o clones requieren una temperatura de 23 a 30° C con 70% de humedad relativa; para el crecimiento vegetativo se recomiendan de 21 a 30 ° C con 40 a 60% de humedad relativa y, finalmente, para la floración, se recomiendan de 18 a 26° C con 40 a 50% de humedad relativa.

. . .

Los dos factores que se necesitan controlar para marcar en el medio ambiente son la temperatura y la humedad. Sin embargo, inevitablemente, habrá fluctuaciones de temperatura y humedad en tu cultivo de cannabis.

Estas fluctuaciones pueden ocurrir tanto a lo largo de un espacio de cultivo como dentro de espacios específicos de una habitación determinada. También pueden ocurrir en diferentes puntos dentro de un día determinado o durante una temporada a medida que cambian las condiciones en el entorno fuera del espacio de cultivo.

Puede ser complicado conseguir el equilibrio adecuado de temperatura y humedad porque se afectan mutuamente: subir el volumen del deshumidificador reducirá la humedad del espacio de cultivo, pero también aumentará la temperatura del área. Esto, a su vez, puede requerir que enciendas una unidad de aire acondicionado: ¡todo está conectado!

Te puedes equipar con herramientas baratas y fáciles de usar para tomar medidas en tu configuración de cannabis de interior.

Un termómetro básico te permitirá medir qué tan cálido o frío es el ambiente dentro de tu jardín; un higrómetro mide la humedad, o más específicamente, el contenido de vapor de agua en el aire.

. . .

Un termómetro infrarrojo o termómetro IR es opcional, pero los termómetros IR usan un dispositivo de detección llamado termopila para medir las temperaturas de la superficie. Aunque no es necesario, estos son útiles para averiguar la temperatura de las hojas, lo que te dará una capa adicional de conocimiento sobre cómo regular adecuadamente las condiciones ambientales.

En resumen, el control de la temperatura en el cuarto de cultivo interior o jardín de cannabis se puede lograr mediante la manipulación de factores como las luces, el flujo de aire, la humedad y el calor.

Diferentes luces de cultivo emitirán diferentes firmas de calor. Las luces calientes como MH, HPS y fluorescentes producen mucho más calor que los LED. Además, las luces se pueden subir o bajar para cambiar la temperatura al nivel del dosel.

Se puede eliminar el aire caliente (arriba) del jardín y traer aire fresco (abajo) con ventiladores y conductos. Los ventiladores también pueden ayudar a intercambiar aire en todo el dosel, enfriando las hojas en el proceso.

También es posible que se deba tener un acondicionador de aire para enfriar rápidamente la temperatura general de tu espacio de cultivo si hace demasiado calor y los ventiladores no son suficientes. Por otro lado, algunos cultivos pueden requerir aire caliente, especialmente cuando las luces están apagadas y no generan calor.

La humedad es la cantidad de vapor de agua en el aire. Una forma de controlarlo en un cuarto de cultivo de marihuana es con deshumidificadores, por ejemplo, pero también controlando el flujo de aire.

Al igual que con la regulación de la temperatura, la regulación del flujo de aire permitirá mover la humedad dentro y fuera de tu espacio de cultivo y controlar la humedad. Es decir, simplemente abriendo un espacio, por ejemplo, abriendo la puerta o ventana de tu cuarto de cultivo o tienda, puedes reducir la humedad.

Un humidificador puede agregar vapor de agua a un espacio de cultivo y aumentar los niveles de humedad si está demasiado seco. En ausencia de un humidificador, puedes rociar las plantas con una botella de spray para crear humedad adicional.

Hay muchos medios diferentes para elegir cómo cultivar marihuana en interiores, incluyendo buenas macetas pasadas de moda llenas de tierra, cubos de lana de roca, una bandeja hidropónica y más.

· · ·

La tierra es el medio más tradicional para cultivar marihuana en interiores, así como el más indulgente, por lo que es una buena opción para los cultivadores primerizos. Cualquier tierra para macetas de alta calidad funcionará, siempre que no contenga fertilizante artificial de liberación prolongada, como *Miracle Gro*, que no es adecuado para cultivar buen cannabis.

Un buen suelo para el cannabis se basa en una población saludable de micorrizas y bacterias del suelo para facilitar la conversión de materia orgánica en nutrientes que una planta pueda utilizar. Alternativamente, puedes usar una mezcla de tierra regular y luego complementar tus plantas con nutrientes líquidos.

Para la mayoría de los jardineros primerizos, recomendamos comprar una tierra para macetas de calidad que proporcione a las plantas suficientes nutrientes para pasar la mayor parte de su ciclo de crecimiento sin tener que agregar muchas enmiendas o nutrientes líquidos. En este suelo prefertilizado, a menudo denominado "súper suelo", se puede cultivar plantas de cannabis de principio a fin sin ningún nutriente agregado si se usa correctamente.

Puedes hacer esto tú mismo/a combinando humus de lombriz, guano de murciélago y otros componentes con un buen suelo y dejándolo reposar durante unas semanas, o puedes comprarlo prefabricado en un vivero o tienda de cultivo local.

Mientras compras tierra, es posible que te sientas abrumado/a por las opciones disponibles en tu tienda de jardinería local.

El tipo de suelo es la estructura básica de su suelo. A partir de ahí, se deben estudiar los nutrientes, microorganismos y otras enmiendas que mejoran el suelo, de los que ya hablamos previamente.

El tipo de contenedor que utilices dependerá del medio de cultivo, el sistema y el tamaño de tus plantas. Las opciones económicas incluyen macetas de plástico estándar o bolsas de tela, mientras que algunos cultivadores optan por gastar más en "macetas inteligentes" o "macetas de aire", recipientes diseñados para mejorar el flujo de aire hacia la zona de raíces de la planta.

Muchos productores comenzarán a cuidar sus plantas en una maceta de un galón y luego las trasplantarán a una maceta más grande a medida que las plantas crezcan. Muchos cultivadores trasplantarán una sola vez, de una maceta de un galón a una de cinco galones, y cosecharán desde allí. Sin embargo, si las plantas crecen, es posible que necesiten una maceta de siete o diez galones.

. . .

Tu cannabis quiere un lugar seguro y saludable para el desarrollo de las raíces. Sin raíces saludables, el cannabis nunca prosperará. Las raíces se encargan de la retención de agua, la absorción de nutrientes, el anclaje de la planta y también facilitan el crecimiento vegetativo.

El drenaje es clave, ya que las plantas de cannabis pueden anegarse y desarrollar pudrición de la raíz.

Si reutilizas contenedores, asegúrate de que tengan agujeros en el fondo y colócalos en bandejas para que pueda escurrir el agua.

Para que un sistema de raíces se desarrolle y prospere, necesitará un buen drenaje, pues la retención de agua es fundamental para las plantas sanas; sin ella, el cannabis se marchitará y morirá. Pero demasiada agua anegará la planta y conducirá a la pudrición de la raíz, matando las raíces.

También es sumamente necesario el oxígeno, pues las raíces de las plantas requieren oxígeno para funcionar correctamente. Se debe elegir un contenedor que proporcione suficiente oxígeno para el desarrollo de las raíces sin sobreexponerlas a los elementos; los contenedores hacen esto a través de varios estilos de perforación.

. . .

Las raíces requieren condiciones óptimas para que se produzca la absorción de nutrientes; esto incluye el equilibrio del pH, las temperaturas óptimas y la disponibilidad de nutrientes. Además, necesitan mucho espacio para ramificarse. Un recipiente que es demasiado pequeño hará que se adhiera a las raíces y ahogue la planta.

Los contenedores de plástico estándar son una opción popular para los productores que operan con un presupuesto limitado.

Estas macetas son económicas y proporcionan lo esencial para las plantas.
Tienen costos generales bajos, drenaje sólido (además de que es fácil agregar más agujeros) y trasplantar es un proceso fácil y económico.

Sin embargo, este tipo de maceta no puede proteger los sistemas radiculares de las fluctuaciones de temperatura, tienen una falta de durabilidad que puede causar grietas y daños estructurales con el tiempo y pueden tener problemas de flujo de aire dependiendo del medio de cultivo.

Los contenedores de tela se están convirtiendo rápidamente en el estándar. Las raíces en las macetas de tela crecen hasta los bordes exteriores e intentan evitar la pared de tela porosa, pero se recortan, lo que permite que se produzca un nuevo crecimiento. Este proceso, llamado "poda de aire", da como resultado una composición de raíces más densa que promueve un crecimiento y desarrollo saludable.

Entre sus ventajas, se encuentra que promueven sistemas radiculares densos y saludables, cuentan con un mayor flujo de aire a las raíces y cuentan también con un excelente drenaje; sin embargo, requieren más atención y mantenimiento porque se secan rápidamente (aunque se pueden usar macetas más grandes para ayudar a que se sequen más lentamente) y la estructura endeble puede dificultar el soporte de la planta.

Las macetas de alfarería o vasijas de cerámica ofrecen un conjunto único de beneficios para los cultivadores en climas cálidos.

Entre sus ventajas se encuentran que absorben la humedad y retienen temperaturas más bajas durante los días calurosos, además de que el peso pesado ayuda a anclar plantas más grandes.

Sin embargo, con estas macetas el drenaje es menos que óptimo; y aunque es posible perforar agujeros en vasijas de barro, esto requiere herramientas especiales y de mucha mano de obra que encarece el proceso, además de que el peso pesado dificulta el transporte de plantas.

. . .

Cuando comiences a plantar con esquejes o plántulas, querrás revisar tus plantas todos los días, porque son delicadas y sensibles a las condiciones ambientales. Es posible que al principio debas ajustar los niveles de temperatura y humedad en tu espacio de cultivo interior para alcanzar el punto ideal para tus plantas.

A medida que crezcan las plantas de marihuana de interior, necesitarán menos atención, pero igual tendrás que controlarlas cada 2 o 3 días. Cuando cultives marihuana en interiores, es probable que tengas que agregar nutrientes a tus plantas. No necesitarás agregar nutrientes cada vez que riegues, pero sí se debe establecer un horario en el que riegues cada cierto tiempo, o algunas veces sí y otras no.

Antes de regar, es necesario verificar el pH del agua y agregar pH para incrementar o bajar los niveles si es necesario.

Si usas nutrientes, también se debe calcular cuánta agua se necesitará para todas las plantas, y así poder medir y mezclar la cantidad adecuada de nutrientes. Un error común que cometen los cultivadores novatos es regar en exceso las plantas.

. . .

También querrás tomarte un tiempo para revisar tus plantas en busca de plagas, moho o deficiencias de nutrientes. Se debe examinar la parte superior e inferior de las hojas en busca de plagas o decoloración (los ácaros de araña viven en la parte inferior de las hojas), así como los tallos y las ramas. Además, se debe revisar el suelo en busca de plagas.

Una vez que tengas todos tus insumos para cultivar, debes asegurarte de que todo el equipo esté encendido, que no se hayan activado los interruptores y que todo funcione sin problemas. Revisa las luces, los temporizadores, los ventiladores, los deshumidificadores, los aires acondicionados y cualquier otra cosa que se conecte a la pared o tenga batería.

Piensa en todo el equipo en tu espacio de cultivo como órganos vitales en el cuerpo: si uno falla, los demás tendrán que trabajar mucho más duro por un tiempo y luego fallarán en cuestión de nada.

Las etapas de crecimiento de la marihuana se pueden dividir en cuatro etapas principales, desde la semilla hasta la cosecha, que son básicamente las mismas que revisamos al hablar de cultivo en exteriores: germinación (3-10 días), plántula (2-3 semanas), etapa vegetativa (3-16 semanas) y floración (8-11 semanas). En términos generales, se tarda entre 10 y 32 semanas, o entre 3 y 8 meses, en fumar lo que has cultivado.

. . .

Esa es una gran variación, pero realmente depende del tamaño que desees para tus plantas y la frecuencia con la que desees cosechar: puedes tener varias cosechas de plantas más pequeñas o menos cosechas de plantas más grandes.

Por ejemplo, lleva menos tiempo cultivar plantas de cannabis de 3' que plantas de 5'; en el lapso de un año, tal vez puedas cultivar cuatro cosechas de plantas de 3' o dos cosechas de plantas de 5'. Es probable que produzcas aproximadamente la misma cantidad de marihuana en ambos casos, pero más cosechas significa que tendrás hierba fresca para fumar con más frecuencia y tendrás más oportunidades de cultivar diferentes cepas.

Sin embargo, más cosechas también significan más trabajo para limpiar el espacio entre cosechas, podar, etc. La mayor variabilidad en el tiempo que tarda en crecer una planta de marihuana ocurrirá en la etapa vegetativa, después de la fase de plántula y antes de la floración.

La etapa de floración siempre dura unas ocho semanas; algunas cepas tardan siete, otras nueve, algunas incluso más, depende de la cepa. Entonces, cuando cultives marihuana en interiores, puedes controlar el tamaño de tus plantas activándolas cuando creas que son lo suficientemente grandes en la etapa vegetativa.

. . .

Por más divertido que sea cultivar marihuana en interiores, tener una casa que siempre huela a marihuana fresca puede ser un serio inconveniente, si no para ti, posiblemente para tus vecinos. Aunque el olor a hierba de un pequeño cultivo de interior en un armario es mucho más fácil de manejar que un cultivo grande con varias plantas con flores, ambos pueden producir olores molestos que impregnarán toda la casa si no se atienden.

Las plantas en etapa vegetativa mantienen un bajo olor ya que no han comenzado a producir terpenos, los compuestos aromáticos de la planta. A medida que las plantas de marihuana pasan a la fase de floración, los tricomas comenzarán a desarrollarse y producirán terpenos, lo que hará que huelan más.

Algunas formas de mitigar el olor al cultivar marihuana en interiores son el comprobar los niveles de temperatura y humedad, asegurar la circulación del aire, utilizar ciertos filtros o geles, entre otros.

El primer paso en el control de olores es asegurarse de que la temperatura y la humedad estén bajo control en el espacio de cultivo: la temperatura y la humedad altas perpetuarán los olores. A medida que las plantas crezcan y especialmente cuando comiencen a florecer, comenzarán a oler más. Equipar tu cultivo con un deshumidificador o aire acondicionado puede ayudar a reducir el olor.

La circulación de aire adecuada ayudará a mantener la temperatura y la humedad, y también reducirá el olor. Idealmente, el aire debe moverse a través de un jardín a los pocos minutos, y debe crear una ventilación hacia el exterior. Los ventiladores oscilantes y los ventiladores de entrada y salida pueden mover el aire a través del jardín rápidamente, eliminando los olores con ellos.

El olor se vuelve mucho más difícil de manejar en las últimas seis semanas de vida de una planta de marihuana, cuando aumenta la producción de tricomas y terpenos. También se pueden conseguir geles absorbentes de olores, que reemplazan los olores de hierba con otros aromas. Debes tener en cuenta que los geles de olor no eliminan los olores, sino que simplemente los enmascaran.

Otra opción son los filtros de carbón activado, también conocidos como "depuradores de carbón" por su capacidad para eliminar los contaminantes del aire, emplean carbón activado y altamente ionizado para atraer partículas responsables de transportar olores, como polvo, cabello, esporas de moho y compuestos orgánicos volátiles, y las atrapan en un filtro.

. . .

Estos filtros vienen en diferentes formas y tamaños y son una excelente manera de eliminar el olor en un cultivo de marihuana en interiores. Los filtros de carbón generalmente funcionan mejor cuando se colocan en el punto más alto del espacio de cultivo, donde se acumula la mayor parte del calor.

9

Prevención de deficiencias en plantas

Conocer los signos de deficiencia de nutrientes es esencial para cultivar marihuana. Cuando las plantas de cannabis no obtienen las cantidades correctas de nutrientes, se estresan y se vuelven más susceptibles a los insectos, el moho y otros patógenos. Su crecimiento también puede atrofiarse, lo que resulta en una reducción de los rendimientos.

Los síntomas de deficiencia de nutrientes a menudo se presentan como decoloración en las hojas, por lo que aprender a identificar y tratar estos problemas y deficiencias de las hojas de cannabis puede ayudar a que las plantas prosperen.

Las plantas de marihuana solo pueden absorber nutrientes a través de sus raíces si la tierra u otro medio de cultivo tiene el pH correcto. Si las condiciones son demasiado ácidas o demasiado alcalinas, ciertos nutrientes no estarán disponibles para las raíces.

La fertilización excesiva de las plantas puede conducir rápidamente a problemas de pH y bloqueo de nutrientes.

Antes de intentar diagnosticar cualquier deficiencia de nutrientes, debes probar el pH del agua, ya que puede variar mucho según la fuente. Debe estar entre 6.0-7.0. Luego, verifica el pH de tu suelo u otro medio de cultivo.

El suelo debe estar entre 5.8-6.8, y si estás plantando mediante hidroponía, el rango ideal es entre 5.5-6.5; la mayoría de las marcas de nutrientes hidropónicos indicarán un nivel ideal para su producto. Si el pH es correcto, tus plantas pueden tener una deficiencia de nutrientes.

Los nutrientes se clasifican en móviles o inmóviles dependiendo de si pueden ser recolocados una vez que han sido completamente asimilados por la planta. Un nutriente móvil almacenado en las hojas más viejas de la planta puede moverse para solucionar una deficiencia en otra parte de la planta. Los nutrientes inmóviles permanecerán muy cerca de donde se depositaron inicialmente.

. . .

Las deficiencias de nutrientes móviles mostrarán síntomas en las hojas de cannabis más viejas en la base de la planta, mientras que los nutrientes inmóviles mostrarán los primeros signos de deficiencia en el crecimiento más nuevo en la parte superior y exterior de las ramas de la planta de marihuana. Saber qué nutrientes son móviles e inmóviles te ayudará a diagnosticar posibles deficiencias.

Las plantas de marihuana necesitan varios nutrientes esenciales, así que debes asegurarte de estar atento o atenta a los signos y señales visuales que podrían indicar una posible deficiencia. El nutriente carencial más común en el cannabis es el nitrógeno (móvil), que es fundamental durante toda la vida de una planta, pero especialmente durante el crecimiento vegetativo.

Los síntomas de deficiencia de nitrógeno incluyen un aclaramiento general y luego un color amarillento en las hojas más viejas y maduras, especialmente cerca de la base de la planta.

La deficiencia severa hará que el amarillamiento continúe progresando hacia la planta, con posible decoloración y manchas marrones en los márgenes de las hojas.

Esta deficiencia eventualmente deja rizos y caídas. También se puede presentar una disminución de los sitios de brotes y floración temprana con rendimientos sustancialmente reducidos.

El fósforo (móvil) es otro elemento esencial para la fotosíntesis y la liberación de la energía almacenada en los carbohidratos. Si bien esta deficiencia es poco común, generalmente se desarrolla debido a que el pH está por encima de 7.0.

El resultado puede ser catastrófico para las plantas jóvenes y provocar un crecimiento atrofiado, un retraso en la floración, bajos rendimientos y una producción deficiente de resina en las plantas maduras.

Los síntomas de deficiencia de fósforo incluyen púrpura en los tallos de las hojas presente en aquellas hojas más viejas, seguido de hojas que adquieren un tono azul verdoso oscuro.

A medida que avanza la deficiencia, tanto el crecimiento hacia arriba como hacia afuera se ralentiza drásticamente; aparecen manchas de color púrpura negruzco o cobre oscuro en las hojas y se desarrollan puntos muertos en los tallos de las hojas mientras las hojas se rizan y caen. A veces, las hojas se vuelven de color púrpura metálico o bronce oscuro.

Crucial para la producción y el movimiento de azúcares y carbohidratos, el potasio (móvil) también es indispensable para el proceso de división celular, así como para la transpiración, el crecimiento de las raíces y la absorción de agua.

En pocas palabras, sin ella las plantas no pueden crecer. La deficiencia de nitrógeno conduce a un aumento de la temperatura interna en el follaje de la planta, lo que hace que la planta evapore más humedad a través de sus hojas para refrescarse.

Los síntomas de deficiencia de potasio incluyen hojas opacas, demasiado verdes, seguidas de puntas de las hojas de color marrón óxido de aspecto quemado, clorosis (amarillamiento) y manchas marrones, especialmente en las hojas más viejas.

La deficiencia adicional se muestra en la quema de hojas, la deshidratación y el rizado del crecimiento más joven.

Si no se controla, la deficiencia de potasio dará como resultado plantas débiles, alta susceptibilidad a plagas y enfermedades, y una floración drásticamente reducida.

También, esencial para la integridad y el crecimiento celular, el calcio (inmóvil) ayuda al flujo de nitrógeno y azúcares a través de la planta. Las deficiencias de calcio en el cannabis generalmente se encuentran en cultivos hidropónicos o al aire libre en climas muy húmedos y frescos con suelo ácido.

Los síntomas de deficiencia de calcio incluyen que las hojas inferiores se curven y distorsionen, seguidas de manchas irregulares de color amarillo pardusco con bordes marrones que crecen con el tiempo. Las puntas de las raíces comenzarán a marchitarse y morir, y la planta se atrofiará con una disminución de los rendimientos.

El magnesio (móvil) es el átomo central en cada molécula de clorofila, lo que significa que las plantas lo utilizan en cantidades muy altas. Es crucial para absorber la energía de la luz, además de ayudar a las enzimas a crear carbohidratos y azúcares que producen las flores.

Ante síntomas de deficiencia de magnesio, las plantas no mostrarán signos de deficiencia de magnesio hasta 3 a 6 semanas después de que haya comenzado, momento en el que verás que las áreas entre las nervaduras de las hojas más viejas se vuelven amarillas (clorosis intervenal) y la formación de manchas de color óxido.

Estos síntomas progresarán por toda la planta, y se desarrollarán más y más grandes manchas en las áreas entre las nervaduras, así como en las puntas y los márgenes de las hojas.

. . .

Algunas hojas se rizarán, morirán y caerán, mientras que toda la planta se verá enfermiza y caída. Los síntomas de deficiencia de magnesio aumentarán rápidamente durante la floración, lo que conducirá a una cosecha reducida.

Esencial para la respiración de las plantas y la síntesis y descomposición de los ácidos grasos, el azufre (semimóvil) juega un papel muy importante en la producción de aceites y terpenos. Es poco común ver una deficiencia de azufre en el cannabis, pero estas deficiencias suelen ser el resultado de una pérdida de fósforo debido a un alto nivel de pH en la zona de la raíz.

Los síntomas de deficiencia de azufre incluyen que las hojas jóvenes se vuelven de color verde lima y luego amarillas con un crecimiento atrofiado, seguido de un amarillamiento de las venas de las hojas, secado y fragilidad. La deficiencia continua da como resultado una producción de flores lenta y débil con una potencia reducida.

Necesario solo en pequeñas cantidades, el cobre (semimóvil) ayuda en la fijación de nitrógeno, el metabolismo de los carbohidratos y la reducción de oxígeno. Esta deficiencia es rara.

. . .

Los primeros síntomas de deficiencia se observan en el lento marchitamiento, torsión y giro del nuevo crecimiento: aparecen manchas muertas en las puntas y los márgenes de las hojas y, a veces, toda la planta se marchita.

El hierro (semimóvil) es esencial para la reducción y asimilación de nitratos y sulfatos, y un catalizador para la producción de clorofila. Las deficiencias de hierro suelen ser el resultado de niveles de pH inadecuados o niveles excesivos de manganeso, zinc o cobre.

Los síntomas iniciales de deficiencia de hierro aparecen en el crecimiento más joven, con clorosis intervenal que se muestra en la base de las hojas nuevas. Luego, los síntomas progresan a través de las hojas y hacia el crecimiento más antiguo, con un amarillamiento general entre las nervaduras de las hojas.

El manganeso (inmóvil) ayuda a utilizar el nitrógeno y el hierro en la producción de clorofila y ayuda a reducir el oxígeno. La deficiencia de manganeso es rara y generalmente es causada por un pH alto o un exceso de hierro.

Al igual que con otros nutrientes inmóviles, los síntomas comienzan en un nuevo crecimiento, mostrando inicialmente clorosis intervenal seguida de manchas necróticas, que se extienden gradualmente a las hojas más viejas. El signo más obvio es cuando los márgenes de las hojas y las nervaduras permanecen verdes alrededor del amarillamiento de las áreas entre las nervaduras.

El molibdeno (móvil) es un jugador en dos importantes sistemas enzimáticos que convierten el nitrato de amonio; es utilizado por el cannabis en cantidades muy pequeñas. Las deficiencias de zinc son raras y pueden ocurrir como resultado del clima frío.

Los síntomas de deficiencia de molibdeno incluyen que hojas más viejas se vuelven amarillas, a veces desarrollan clorosis entre las nervaduras y decoloración en los bordes de las hojas. Eventualmente deja la copa y se enrosca antes de torcerse, morir y caer.

El zinc (inmóvil) es crucial para la producción de azúcar y proteínas, así como para la formación y retención de clorofila y el crecimiento saludable del tallo. La deficiencia es bastante común, especialmente en suelos alcalinos y climas secos, y generalmente es el resultado de niveles altos de pH.

Los síntomas de deficiencia de zinc incluyen que las hojas jóvenes y los nuevos brotes exhiben clorosis intervenal, con láminas foliares pequeñas y delgadas que se arrugan y distorsionan. Las puntas de las hojas se decolorarán y se quemarán, seguidas de los márgenes de las hojas y luego manchas marrones. El signo más obvio son las hojas que giran 90 grados hacia los lados.

El bloqueo de nutrientes ocurre cuando las plantas de cannabis no pueden absorber los nutrientes del suelo.

Hay dos causas principales del bloqueo de nutrientes: 1) las plantas de cannabis están sobresaturadas de nutrientes, en particular fertilizantes químicos con un alto contenido de sal, o 2) existen niveles de pH inadecuados en el suelo, el agua o las soluciones de nutrientes.

Cuando las plantas muestren por primera vez signos de bloqueo de nutrientes, se deberá actuar rápidamente para revertirlo y liberar nutrientes, de lo contrario, comenzarán a marchitarse y pueden morir.

El bloqueo de nutrientes se asemejará a una deficiencia de nutrientes: las plantas serán débiles y endebles con un crecimiento atrofiado. Cualquier amarillamiento o rizado de las hojas también indica que la planta está experimentando un bloqueo de nutrientes. Puede parecer que las plantas de cannabis no tienen suficientes nutrientes cuando en realidad se les ha dado demasiado.

. . .

Al identificar el bloqueo de nutrientes, se debe probar el pH de su agua, ya que puede variar ampliamente según la fuente. Debe estar entre 6.0-7.0. Cuando el pH es demasiado alto o demasiado bajo, la disponibilidad de nutrientes cae en picado y las plantas no pueden absorber los nutrientes.

Una vez que hayas identificado el bloqueo de nutrientes, deja de dar nutrientes a las plantas.

Enjuaga las plantas solo con agua para liberar nutrientes: inunda las macetas con agua fresca con pH equilibrado para descomponer y liberar la acumulación de sal y despejar las vías para la absorción de nutrientes.

Después de realizar un lavado, los sistemas de raíces de las plantas estarán completamente saturados. El suelo debe secarse antes de volver a regar para permitir que las raíces respiren y evitar que se pudran. Tendrás que regar solo con agua durante algunos ciclos más antes de volver a introducir nutrientes.

Hay algunas formas de prevenir el bloqueo de nutrientes en las plantas de cannabis, como controlar los niveles de pH con regularidad, esto se puede comprobar cada vez que se riegue. También se recomienda utilizar nutrientes orgánicos.

Los fertilizantes químicos son a base de sal, lo que tiende a causar bloqueo de nutrientes.

Se deben buscar nutrientes con un bajo contenido de sal o adherirse exclusivamente a los nutrientes orgánicos. También se recomienda enjuagar las plantas de cannabis: si usas muchos nutrientes, tómate el tiempo para enjuagar el jardín.

La mancha foliar por septoria es una enfermedad de aspecto áspero que aparece primero en las ramas más bajas y hace que las hojas se encostren y se pongan amarillas. Ocurre en verano cuando las altas temperaturas combinadas con las lluvias o la humedad del riego dejan el follaje húmedo. Las deficiencias de nitrógeno también pueden servir como un catalizador para la enfermedad.

Aunque la septoria foliar no matará las plantas, reducirá sus rendimientos. Una vez que se note la infección, es importante quitar y desechar las hojas. Rociar plantas con fungicidas *Bacillus subtilis* también puede ayudar a retrasar la propagación de la enfermedad.

Para prevenir o reducir la posibilidad de septoria foliar se debe tener un espacio de jardín limpio con suelo saludable. Si se tiene un brote, es posible que se deba reemplazar el medio de cultivo antes de volver a plantar.

. . .

También se recomienda limpiar todo el espacio si cultivas en interiores y usar líneas de goteo para regar las plantas para que las hojas no se mojen, además de espaciar las plantas más separadas para mantener la humedad fuera de las plantas y la humedad baja.

También, la genética juega un papel importante al determinar cuánto puede afectar una enfermedad a una planta. Debes tener en cuenta cuán resistentes a una enfermedad son ciertas cepas y quedarte con las más fuertes y estables.

10

Cosecha de las plantas

Han pasado meses desde que ese pequeño brote de cannabis apareció por primera vez en el suelo, o desde que pusiste ese delicado clon en un poco de tierra. Has visto crecer y madurar a tus plantas, haciéndose más grandes y desarrollando cogollos, y no puedes esperar para sacar esos cogollos de la planta y encenderlos.

Pero no tan rápido: cosechar no es solo cortar plantas y podar cogollos; también necesitarás secar y curar los cogollos antes de poder fumarlos. Hay algunas formas diferentes de cosechar, dependiendo de si cortas los cogollos húmedos, directamente de la planta, o secos, dejándolos secar primero.

En la poda en húmedo, se corta la planta, se quitan los brotes de las ramas (lo que se denomina "desbroce"), luego se recortan y luego se secan, todo en una sola sesión.

. . .

Por otro lado, cuando se corta en seco, la planta se corta y se cuelga para que se seque durante varios días; los cogollos se arrancan de las ramas y se recortan cuando están completamente secos.

Cosechar es uno de los pasos más emocionantes del cultivo de marihuana, pero es importante tener en cuenta que cada jardinero tiene una opinión diferente sobre cuándo cosechar sus plantas de cannabis: a algunos les gusta cosechar temprano mientras que otros prefieren hacerlo más tarde.

El momento de la cosecha también puede depender de otros factores en la vida, como tu horario, un trabajo, el clima, etc. Cosechar la hierba una semana antes o después probablemente no sea el fin del mundo, pero no dejes que tus plantas permanezcan mucho más tiempo.

La marihuana es una planta anual de estación cálida, por lo que, si se cultiva al aire libre, el tiempo de cosecha se produce entre septiembre y noviembre en el hemisferio norte. Es importante conocer el clima local y hablar con otros cultivadores en tu área específica para ver cuándo cosechan marihuana.

Existe cierta variabilidad: los productores en el norte de California pueden cosechar hasta fines de octubre y mediados de noviembre, mientras que los productores en el noroeste del Pacífico probablemente necesitarán retirar sus cultivos entre mediados de octubre y principios de noviembre, antes de que las lluvias de otoño lo establezcan.

Cuando se cultivan en interiores, las plantas generalmente se cosechan entre 7 y 9 semanas después de que hayan florecido. Algunas cepas pueden tardar más, otras menos; depende de la cepa. Las índicas suelen estar listas más rápido, mientras que las sativas tardan más.

La mejor forma de saber si tus plantas de marihuana están listas para cosechar, tanto en interior como en exterior, es observar el estigma, pues estas hebras parecidas a pelos que cubren los cogollos cambiarán de blanco a naranja y comenzarán a rizarse. Por otro lado, los tricomas, que son las glándulas resinosas de toda la planta, cambiarán de claras a opacas y luego a ámbar.

Debes tener en cuenta que las colas superiores pueden alcanzar la madurez más rápido que los cogollos inferiores porque reciben más luz. Es posible que tengas que cosechar una planta cuando algunos cogollos no estén del todo maduros y otros sí.

Además, la información del criador o cultivador puede ser útil para obtener una estimación aproximada de cuándo se debe cosechar una cepa en particular. Al observar los tricomas, necesitarás un microscopio. Los microscopios portátiles que van desde 30x-100x funcionarán y se pueden comprar en cualquier tienda de suministros para cultivo.

Durante su cambio de transparente a opaco a ámbar, los tricomas alcanzan su contenido máximo de THC. Después de eso, comienzan a descomponerse debido a la exposición al oxígeno y los rayos UV.

Las cepas de regiones cercanas al ecuador (sativas) necesitan un verano largo y aparentemente interminable para madurar por completo, mientras que las cepas de climas duros y fríos (índicas) tienden a terminar antes. Dicho esto, algunas índicas tardan mucho en terminar y algunas sativas terminan pronto.

A medida que los cogollos de cannabis aumentan de peso y la estación cambia de verano a otoño, habrá fluctuaciones en el clima. Dependiendo de su clima, puede haber olas de frío o tormentas. Estos no son desastres, pero debes estar atento/a al clima y posiblemente tomar una decisión en algún momento sobre cuándo cortar las plantas, equilibrando la madurez máxima con las condiciones que podrían comprometer tu cosecha.

La mayoría de las plantas de cannabis pueden navegar a través de una helada ligera (-2 a 0°C por hasta tres horas) sin problemas. Pero una helada fuerte, cualquier temperatura más baja o más prolongada, puede significar un desastre.

La escarcha puede hacer que se formen cristales de hielo en el tejido de las plantas, dañando sus células. Las hojas aparecerán marchitas antes de volverse oscuras y crujientes. Cuanto más profunda sea la escarcha, más se dañará la planta.

Se debe tener en cuenta también que las plantas en maceta experimentan fluctuaciones de temperatura más severas que las plantas en el suelo, lo que las hace más susceptibles al daño por heladas.

Similar a una ola de frío, la lluvia en sí misma no es un gran problema, pero la duración y la severidad de la tormenta sí lo son. Si se va a calentar y secar rápidamente, puedes dejar el cannabis casi maduro para capear el temporal. Si la lluvia llegará para quedarse, el moho espera a tus plantas: reduce tus pérdidas y cosecha antes de que se empape.

Cubrir las plantas ayudará, pero aún habrá humedad en el aire. Puedes cubrir las plantas con algunas estacas altas y una lona, solo asegúrate de quitar la cubierta cuando pase el frío o la lluvia para que las plantas se calienten y reciban el sol y el aire que necesitan.

. . .

Cuando cultives marihuana en interiores, puedes cosechar tanto o tan poco como quieras. El cielo, o, mejor dicho, tu cuarto de cultivo, es el límite. La hierba puede tardar entre 3 y 8 meses en crecer desde la semilla hasta la cosecha, por lo que puedes hacer hasta cuatro cosechas de plantas más pequeñas o una o dos cosechas de plantas más grandes cada año.

Más cosechas significan que tendrás hierba fresca de cosecha propia para fumar con más frecuencia, pero también será más trabajo limpiar el espacio entre cosechas, podar, etc. Incluso puedes hacer más de cuatro cosechas al año si comienzas con clones o semillas auto-florecientes, las cuales eliminan algunas semanas del ciclo de cultivo.

En general, el cannabis cultivado al aire libre se cosecha una vez al año. En la mayoría de los climas, las semillas o clones comenzarán en primavera y cosecharás en otoño.

En algunas regiones tropicales, se puede obtener una segunda cosecha en un año debido al clima.

Puedes configurar tu cultivo de hierba al aire libre para tener más de una cosecha al año si cultivas semillas autoflorecientes. Las plantas de marihuana de este tipo tienen un ciclo de vida más corto: "florecen automáticamente" cuando alcanzan cierta edad, en lugar de comenzar la etapa de floración cuando la luz del sol comienza a disminuir en el cielo.

. . .

Debido a esto, puedes comenzar a cultivar un grupo de auto-florecientes al principio de la temporada, alrededor de marzo o abril, cosecharlas en junio o julio y luego comenzar a cultivar un segundo grupo para cosechar en otoño. Podrás tener varias cosechas, pero ten en cuenta que tus plantas serán más pequeñas porque son autoflorecientes.

La privación de luz, o *light deps*, es otra técnica para obtener múltiples cosechas al aire libre en un año. Se coloca una lona sobre un invernadero para cortar la cantidad de luz que reciben las plantas de marihuana al aire libre, lo le permite controlar el ciclo de floración de las plantas. Al igual que con las auto florecientes, esto te permitirá realizar múltiples cosechas al aire libre en una temporada.

El inconveniente de la privación de luz es que se debe tener un invernadero y otros equipos, y debes colocar y quitar la lona todos los días. Si las plantas de marihuana reciben demasiada luz en un solo día, puede confundirlas y arruinar su floración y producción de cogollos.

Si estás cultivando la misma variedad, querrás cosechar todas tus plantas en el mismo período de tiempo porque todas madurarán al mismo tiempo. Si estás cultivando varias cepas, es posible que maduren en diferentes momentos.

. . .

Pero es posible que aún desees cosechar todas las cepas a la vez para realizar el recorte de una sola vez, solo ten en cuenta que algunas cepas pueden cosecharse en el lado temprano y otras en el lado tardío.

Antes de cosechar, también necesitarás saber si vas a podar en húmedo o en seco. La poda en húmedo implica podar los cogollos inmediatamente después de cortar la planta, y con la poda en seco, las plantas cortadas se cuelgan para que se sequen durante varios días antes de podarlas.

Para cosechar hierba, necesitarás: tijeras (para recortar cogollos), podadoras (útiles para ramas grandes), un área cómoda y una silla, una superficie limpia, como una mesa, una bandeja o recipiente, alcohol isopropílico, trapos para limpiar, ropa que se pueda ensuciar, algo de entretenimiento y guantes (los guantes de látex sin talco son buenos, pero no necesarios).

Asegúrate de que las tijeras sean ergonómicas y se ajusten cómodamente a tu mano, ya que las sujetarás durante bastante tiempo. Con el tiempo, estas tijeras se volverán muy pegajosas, así que asegúrate de comprar un par que se limpie fácilmente o compra dos pares para que puedas cambiar entre ellos.

. . .

Hay muchos tipos de tijeras que puedes comprar; algunas son accionadas por resorte, otras no. Los principiantes a menudo optan por los resortes porque parecen más rápidos; sin embargo, muchos recortadores recomiendan las tijeras Chikamasa: no tienen resortes y puede llevar uno o dos días acostumbrarse, pero pronto notarás la precisión y la velocidad que brindan.

También es posible que desees invertir en un par de tijeras más grandes para cortar ramas. Guarda las tijeras pequeñas para el trabajo más preciso.

Es importante mucho espacio y tener una configuración ergonómica para que puedas acomodarte para un recorte largo.

Elige un lugar fresco con mucha luz y trata de mantenerte alejado/a de lugares con exceso de polvo, cabello o partículas, que puedan contaminar la hierba. Cuanto más tiempo te sientes, más trabajo harás, así que busca una silla cómoda. Evita cualquier cosa que te haga encorvarte y comprima tu espalda baja.

Muchos recortadores optan por las bandejas de recorte porque son mucho más fáciles de transportar y pueden ser un gran compañero para el regazo. Recomendamos algo que tenga una pantalla para recolectar kief.

. . .

Cuanto más simple sea el diseño, mejor.

También puedes simplemente recortar sobre una mesa plana y poner los cogollos terminados en un bol. Elijas lo que elijas, asegúrate de que la superficie sea fácil de limpiar.

Las tijeras para recortar inevitablemente se llenarán de resina, por lo que tendrás que limpiarlas o cambiarlas periódicamente por un par nuevo. Ten a mano un trapo y una taza con alcohol isopropílico. También, usa ropa vieja que no te importe o un delantal. Mejor aún, usa un delantal de seda: la resina no se pegará a la seda y tu ropa te lo agradecerá.

Los guantes también son excelentes para mantener las manos libres de resina. Si no te gusta recortar con guantes, puedes frotarte las manos con aceite de coco o de oliva para evitar la acumulación de resina.

Una larga sesión de ajuste puede parecer aún más larga sin nada para pasar el tiempo. Mantenerte entretenido/a es crucial para tu cordura al recortar. Se recomienda cualquier cosa que no requiera atención visual, como música, podcasts, audiolibros y monólogos de comedia.

. . .

Una vez que tus plantas estén listas para la cosecha y tengas todo tu equipo, es hora de cortarlas. Con la poda en seco, las plantas cortadas se cuelgan para que se sequen durante varios días antes de podarlas. La poda en húmedo consiste en podar los cogollos inmediatamente después de cortar la planta.

De cualquier manera, para cortar plantas, toma un par de tijeras grandes y comienza a cortar ramas grandes, asegurándote de tener delicadeza con los cogollos. Si las plantas son pequeñas, es posible que puedas cortarlas directamente en la base, por encima del suelo.

Si vas a podar en seco, es útil cortar las ramas de manera que queden enganchadas en un extremo, lo que facilita colgarlas. Si podas en húmedo, corta las ramas para que sean fáciles de manejar y corta los cogollos.

Asegúrate de enjuagar tus plantas solo con agua, sin nutrientes, durante aproximadamente una semana antes de la cosecha, revisa los tricomas en las plantas para asegurarte de que estén listas para ser cortadas, usa ropa que pueda ensuciarse (cosechar marihuana es pegajoso) y mantén las tijeras afiladas.

Es bueno cosechar antes de que las plantas se calienten demasiado; al aire libre, esto significa cosechar por la mañana; en el interior, cosechar poco después de que se enciendan las luces. Si cultivas diferentes cepas, algunas plantas pueden estar listas para cosechar antes que otras.

Si podas en húmedo, asegúrate de podar los cogollos inmediatamente después de cortar las plantas. Algunas personas disfrutan podar porque es una buena oportunidad para conectarse con la planta, especialmente si la han estado cultivando durante meses. Pero esto no suele durar mucho tiempo porque es un proceso muy monótono.

Cualquiera que sea el tipo que se cultive, es importante saber que podar incluso solo un par de plantas llevará horas, incluso días. Debes asegurarte de tener algunos buenos álbumes o podcasts en cola, y siempre es útil tener un amigo o dos para ayudar. Tendrás muchos cogollos de sobra.

La poda elimina los brotes de las plantas, cortando ramas, tallos y hojas de azúcar y de abanico. Todos estos son duros para fumar y no contienen muchos tricomas, aunque tienen un poco. Al podar en húmedo, eliminar toda la materia vegetal innecesaria también reduce el contenido de humedad de los cogollos, lo que permite un secado más uniforme.

El cannabis también adquiere una apariencia más compacta y uniforme y tiene más atractivo para la bolsa cuando se recorta. Hay dos formas de podar la hierba, cada una con ventajas y desventajas.

La poda en húmedo ocurre en una sola sesión: cortarás la planta, cortarás los cogollos de las ramas (lo que se denomina "desmenuzar"), los recortarás y luego los colocarás en una rejilla de secado, donde se reposarán durante unos días.

Tiene de ventaja que quitar el azúcar y las hojas de abanico es más fácil, pues éstas se arrugan y se secan al podarlas en seco.

Con menos follaje lleno de humedad adherido a las flores, el secado ocurrirá más rápidamente; esto puede ser útil en climas húmedos donde el moho es una preocupación.

Si tienes poco espacio, el recorte en húmedo elimina una gran parte de la planta al principio, por lo que no tienes que colgar plantas enteras para que se sequen. Recortar en húmedo también le dará un producto final más ajustado y estéticamente más agradable.

Muchos argumentan que debido a que los cogollos son más pegajosos cuando se manipulan, los tricomas permanecen intactos, lo que preserva los terpenos y los sabores en el producto final. Sin embargo, el recorte húmedo es muy pegajoso. Los tricomas se pegarán a tus dedos, a tus tijeras de podar, a tu cuerpo, a todo. Se recomiendan guantes; frotar alcohol o aceite de coco es esencial.

Con el recorte en seco, cortarás la planta y colgarás todo primero, para que se seque durante varios días. Cuando todo esté seco, arrancarás los brotes de las ramas y los podarás.

Mantener las hojas al principio hace que el proceso de secado sea más lento; esto puede ser excelente en climas áridos, ya que un secado rápido puede provocar una pérdida excesiva de terpenos.

Es mucho menos desordenado: los tricomas se endurecen a medida que la hierba se seca, lo que reduce la cantidad de viscosidad que se pega a todo. Tricomas menos pegajosos y menos desordenados también son más frágiles y propensos a romperse; tendrás que manejar tu cosecha con cuidado para preservar los tricomas y los niveles de THC.

También, colgar plantas enteras ocupa mucho más espacio que si primero desechas el exceso de material vegetal; así que asegúrate de tener un espacio de secado adecuado antes de recortar en seco.

. . .

Una vez que hayas configurado la sala de secado y el área de poda, y que tus plantas de malezas estén listas para caer, es hora de podarlas. Ya sea que recortes en húmedo o en seco, el proceso de recorte de los cogollos es el mismo.

Paso 1: corta la planta y corta las ramas

Con un par de tijeras de podar sólidas, corta las ramas, rompiendo la planta en pedazos más pequeños hasta llegar al tallo principal de la planta, que puede cortarse cerca del suelo.

Si se corta en seco, colgarás la planta para que se seque ahora, ya sea en su totalidad o en sus ramas más pequeñas.

Las plantas en proceso de secado estarán listas para podar cuando los tallos se rompan y no se doblen, generalmente de 3 a 7 días después. Si recortas en húmedo, no te preocupes por el secado todavía y ve directo al paso 2.

Paso 2: Retira las hojas de abanico

Las hojas de abanico son las icónicas hojas de cannabis con cinco o siete puntas.

. . .

La planta ha tenido estas hojas desde que estaba en la etapa vegetativa. Las hojas de abanico tienen poco o ningún tricoma, así que deshazte de ellas.

Si recortas en húmedo, puede ser más rápido quitarlas suavemente con las manos, pero también se pueden cortar con tijeras. Si se corta en seco, deberás cortarlas con tijera.

Paso 3: Corta los brotes de la rama

Una vez que hayas quitado las hojas en forma de abanico, corta los brotes individuales de las ramas, lo que también se conoce como "tronzado". Los recortadores suelen crear una pila de cogollos para trabajar, ya sea sobre una mesa o en un recipiente o bandeja. Asegúrate de mantener una pila separada para ramas, tallos y hojas de abanico, y utilízalos como abono.

Paso 4: recortar los cogollos

Ahora que solo tienes cogollos, empieza a recortar. Si los cogollos son demasiado grandes, divídelos en cogollos más pequeños. Un cogollo gigante puede verse increíble, pero no se secará de manera uniforme, lo que lo hace susceptible al moho.

. . .

Recorta el tallo en la parte inferior del capullo lo más cerca que puedas sin que el capullo se rompa. No querrás que el tallo quede expuesto en ningún lado excepto en la parte inferior.

También retira las patas de gallo, que son las hojas en la parte inferior que parecen patas de pájaros pequeños.

Recorta la materia vegetal sobrante y haz la "manicura" al cogollo. Inclina tus tijeras y mantenlas en movimiento. Después de un tiempo ni siquiera pensarás en ello. El objetivo es eliminar todo lo que no esté completamente cubierto de tricomas.

Crea una superficie uniforme alrededor de los cogollos. Esto incluye derribar los pistilos rojos hasta el follaje. Los pistilos tienen muy poco o nada de tricomas. Pon todos tus cogollos terminados en un recipiente o bandeja aparte.

Si realizas el recorte en húmedo, deberás colocar los cogollos terminados en una rejilla de secado durante unos días. Si vas a podar en seco, querrás envasar tus cogollos para curarlos.

Asegúrate de recoger tu recorte. También puedes secarlo y fumarlo o usarlo para hacer comestibles u otros productos de cannabis.

Recuerda limpiar tus tijeras con alcohol o cambiarlas por otro par cuando se cubran de resina.

Además, asegúrate de evitar cortar grandes secciones del cogollo a la vez; esto no es bueno para el cogollo y reducirá tu rendimiento.

Algunos recortadores guardan su "hash de dedo" o "hash de tijera", que es resina que se acumula en los dedos o en las tijeras al recortar. Esto está perfectamente bien para fumar, solo puede ser un poco duro.

Como cultivador/a doméstico/a, lo más probable es que cortes la hierba a mano, pero algunos invierten en cortadoras mecánicas para eliminar la monótona parte del corte. Los cultivadores comerciales suelen utilizar cortadoras mecánicas porque procesan una gran cantidad de cogollos.

Podar marihuana a mano tiene algunas ventajas, como el hecho de que es un proceso barato, se pueden moldear cogollos individuales para resaltar las cualidades de cada cepa y se pueden detectar problemas como moho o insectos.

Sin embargo, es un proceso desordenado, necesitarás mucho alcohol o aceite de coco alrededor. Además, representa una potencial pérdida de tiempo y por lo general, tienes que depender de algunos amigos u otras personas para ayudar a hacer la tarea menos tediosa.

La gran demanda de cannabis ha allanado el camino para nuevas tecnologías y toda una gama de máquinas recortadoras.

Estas podadoras hacen un trabajo increíble al procesar los cogollos rápidamente, por lo que las utilizan principalmente los cultivadores a gran escala que producen para el segmento bajo del mercado.

Los sistemas de nivel superior altamente eficientes como el Twister T2 pueden recortar hasta 19 libras por hora, y existen sistemas de menor precio, como el Trimpro Rotor, para productores comerciales. Para los cultivadores domésticos, hay podadoras como la iPower.

La ventaja de estas herramientas es que facilitan la tarea, son rápidas y eficientes (lo que a su vez ahorra tiempo y, en algunos casos, dinero), y hacen que el proceso sea menos desordenado (recogen recortes fácilmente para ser usados en otros productos). Sin embargo, pueden llegar a recortar de más los cogollos, eliminar muchos tricomas (afectando la potencia y el sabor) y eliminan los tallos y las semillas que aún pueden convertirse en cogollos terminados.

11

Pasos finales

Después de cortar las plantas de marihuana en la cosecha, un secado y un curado adecuados son cruciales para los cogollos. Estos procesos ayudan a preservar y acentuar los sabores al retener terpenos y cannabinoides, al tiempo que disminuyen la clorofila y eliminan el sabor vegetal de la planta.

El proceso de secado es el secado inicial de los cogollos, que suele ocurrir al aire libre: las plantas recién cosechadas pueden perder hasta un 75 % de su peso debido a la pérdida de humedad, al igual que los tallos, las ramas y las hojas que se cortan.

Cuando se corta en seco, primero se seca y luego se cortan los cogollos; en mojado, viceversa.

. . .

Un secado no debe ser demasiado rápido ni demasiado largo.

Demasiado rápido y el exterior de los cogollos parecerá seco pero el interior no; demasiado tiempo y los cogollos podrían desarrollar moho.

Cuando los cogollos se recortan y se secan, se colocan en recipientes herméticos para curarlos. Esto detiene la pérdida de humedad, preserva los sabores y aromas y permite que los cogollos adquieran todo su sabor. El secado tarda entre 2 y 7 días; el proceso suele ser más corto cuando se corta en húmedo porque la mayor parte del material vegetal se corta primero y hay menos plantas para secar.

Cuando podes cannabis en seco, puedes colgar las plantas cosechadas boca abajo en una cuerda o percha, ya sea plantas enteras o ramas; esto evita que los cogollos se aplasten o se deformen mientras se secan. Cuando recortes en húmedo, colocarás los cogollos recortados en una rejilla de secado.

Ya sea que recortes en seco o en húmedo, verifica que los cogollos o ramas se estén secando después de dos días doblando una rama o un tallo; si el tallo se rompe, eso significa que los cogollos están completamente secos. Si no se rompen, déjalos y revisa al día siguiente.

. . .

Para montar un área de secado de cannabis debes mantener la hierba cosechada en un cuarto oscuro con temperaturas entre 15 a 21 °C y humedad entre 55-65%. Un higrómetro económico te ayudará a monitorear estos números.

Es recomendable agregar un pequeño ventilador para hacer circular el aire, y es posible que también debas agregar un deshumidificador o aire acondicionado. Si tardas demasiado en secar los cogollos en tu espacio, es posible que debas ajustar la temperatura o la humedad para ayudar al proceso de secado.

El equipo esencial para una sala de secado de cannabis consiste en un tendedero para colgar cogollos para secar, un higrómetro para medir la temperatura y la humedad, un ventilador, una unidad de aire acondicionado y un deshumidificador (aunque estos últimos son opcionales).

Cuando recortes en húmedo, necesitarás una rejilla plana: tendrás muchos cogollos individuales recortados, por lo que no podrás colgarlos. Los estantes planos son recipientes circulares con capas de malla y son excelentes para el flujo de aire.

. . .

Comprueba que los cogollos cortados en húmedo se sequen en la rejilla plana después de 2 o 3 días aplastándolos un poco. Si todavía están demasiado húmedos, déjalos y vuelve a revisar al día siguiente.

Cuando los cogollos terminan de secarse y se han podado, y la cantidad inicial de humedad desaparece, es hora de curar la hierba. Para el curado, almacenarás los cogollos terminados en recipientes, generalmente frascos de vidrio herméticos, para detener la pérdida de humedad y preservar los sabores y aromas.

El curado suele tardar entre dos semanas y un mes, y la humedad dentro de los recipientes de curado debe estar entre el 55 y el 65 %. El proceso de curado es posiblemente el aspecto más pasado por alto del cultivo de marihuana, pero durante el curado, la humedad continúa extrayéndose desde el centro del cogollo hacia el exterior.

El proceso de curado afecta el sabor y la calidad del humo.

Muchos terpenos, que le dan al cannabis su olor y sabor únicos, son bastante sensibles y pueden degradarse y evaporarse a temperaturas tan bajas como 10 °C. Un curado lento a bajas temperaturas conservará mejor los terpenos que un secado rápido y caliente.

. . .

Una cura adecuada también te permite almacenar la hierba durante largos períodos sin preocuparte por la degradación de moho, cannabinoides o terpenos. La flor bien curada se puede almacenar en un recipiente hermético en un lugar fresco y oscuro hasta por dos años sin una pérdida significativa de potencia.

La curación de cannabis debe hacerse en una habitación o espacio que tenga una temperatura y humedad estables; los sótanos húmedos y húmedos o los áticos calientes y bochornosos no son ideales. El espacio debe mantener la temperatura ambiente y no estar demasiado húmedo.

La luz también puede degradar los terpenos, por lo que es ideal poder apagar las luces del espacio o poder tapar los frascos para que la luz no se filtre. Para curar los cogollos, necesitarás frascos herméticos y un higrómetro (para cada frasco) para medir la temperatura y la humedad.

Una vez que los cogollos están secos, es hora de curarlos.

Coloca los cogollos recortados en algún tipo de recipiente hermético; la mayoría de las personas usan frascos de vidrio de boca ancha de un cuarto o de medio galón, pero también puedes usar recipientes de cerámica, metal o madera. Las bolsas de plástico no son adecuadas para el curado ya que no son impermeables al oxígeno; además, no querrás que tu hierba sepa a plástico.

Empaca los cogollos sueltos en contenedores sin compactarlos ni triturarlos, sella los envases y guárdalos en un lugar fresco, seco y oscuro. En uno o dos días notarás que los cogollos se vuelven un poco más suaves a medida que la humedad del centro de los cogollos rehidrata las partes externas. Si esto no sucede, es probable que hayas secado demasiado tu cannabis.

La humedad dentro de los frascos sellados debe ser del 55 al 65 %. Si no estás seguro/a de la humedad en ellos, puedes comprar un higrómetro digital, que mide la humedad, disponibles en cualquier ferretería.

Si los cogollos están demasiado secos, puedes agregar un paquete de humedad, como un paquete Boveda, para rehidratar los cogollos. Si los cogollos están demasiado húmedos, deja la tapa abierta durante medio día o un día completo antes de volver a sellarlos. Asegúrate de verificar los niveles de humedad todos los días y deja la tapa abierta por un periodo de tiempo si todavía están demasiado húmedos.

Durante la primera semana de curado, independientemente del nivel de humedad, abre los recipientes una o dos veces al día durante un par de minutos; esto se denomina eructar. Esto libera humedad y repone el oxígeno dentro del recipiente.

Si notas un olor a amoníaco al abrir un recipiente, significa que los cogollos no están lo suficientemente secos y que las bacterias anaeróbicas los están consumiendo, lo que conducirá al cannabis podrido y mohoso. Deja la tapa abierta por un día y vuelve a sellar al día siguiente.

Después de la primera semana, haz eructar los recipientes solo una vez cada pocos días. Después de dos a cuatro semanas en contenedores, tu cannabis debería estar lo suficientemente curado para brindarte una experiencia sabrosa, aromática y de calidad. Algunas personas prefieren curar durante cuatro a ocho semanas, y algunas cepas incluso se benefician de seis meses o más de curación.

Después de curar el cannabis, puedes almacenar cogollos hasta por dos años sin mucha pérdida de potencia.

Al igual que el vino fino o un barril de whisky, el cannabis debidamente secado y curado es mejor cuando se mantiene en un lugar fresco y oscuro: el moho y otros mohos en el cannabis y la materia orgánica prosperan en temperaturas entre 25 y 30 °C.

. . .

El calor excesivo puede secar los cannabinoides y terpenos que han tardado meses en desarrollarse. Cuando estos aceites esenciales se secan demasiado junto con el material vegetal, puede resultar en un humo fuerte y caliente.

Algunos consejos útiles para almacenar los cogollos son el almacenar fuera de la luz solar directa en un lugar fresco y seco, almacenar en recipientes con carga neutra, como tarros de cristal; usar higrómetros o productos como un paquete Boveda para monitorear y controlar los niveles de humedad, sellar al vacío frascos y recipientes para minimizar la exposición al oxígeno y separar las cepas para mantener los perfiles de sabor individuales etiquetándolos también con una fecha; pues no está bien mezclar cepas.

Las temperaturas más bajas también retrasan la descarboxilación, el proceso en el que el THCA se convierte en el intoxicante THC. El THC eventualmente se degrada en CBN, un cannabinoide con diferentes efectos y propiedades. Además, el aire caliente contiene más humedad que el aire frío.

El control de la humedad es fundamental para mantener el moho y otros contaminantes fuera del cannabis.

. . .

Se debe mantener el cannabis entre 55 y 65 % de humedad relativa cuando se almacene para mantener y mejorar el color, la consistencia, el aroma y el sabor.

Los dañinos rayos UV descomponen muchos materiales orgánicos y sintéticos, y los rayos UV degradarán el cannabis con el tiempo. Almacenar el cannabis fuera de la luz directa también ayudará a controlar la temperatura.

Conclusión

Ahora hemos entendido un poco más sobre el amplio mundo del cannabis, su composición, sus diversas aplicaciones principalmente médicas, pero también culturales y espirituales, sus beneficios y las precauciones que se deben tener en cuenta cuando se toma la decisión consciente de fumarlo o consumirlo.

También, ahora tienes un conocimiento más a fondo sobre el proceso de cultivo de marihuana, las diferentes técnicas y pasos a seguir si decides cultivarlo (ya sea en exteriores o interiores), aquellos detalles que debes tomar en cuenta para el desarrollo óptimo de tus plantas y los pasos finales de cosecha, secado y curado de tus plantas para consumirlas en la manera que mejor te parezca.

Conforme los años pasan, el consumo de marihuana vuelve a ser reconocido y aceptado alrededor del mundo, y a pesar de que aún falta un largo camino por recorrer en términos de legalización y libertad de consumo (siempre bajo una conducta responsable), son cada vez más las personas aceptando y consumiendo cannabis alrededor del mundo.

Ahora tienes buenas herramientas no solo para deslumbrar en cualquier conversación casual, sino para animarte a gestionar tu propio proyecto de cultivo de cannabis. Seguramente durante el camino aprenderás mucho más pues te enfrentarás a una experiencia totalmente nueva, pero no puede haber más dicha que el cosechar lo que tú mismo/a has sembrado.

Recuerda honrar a esta planta cuyo consumo es ancestral, guiarte con responsabilidad durante tu proceso de cultivo y consumo, y seguir al día en las nuevas noticias sobre legalización, regulación y descubrimientos médicos. ¡Mucho éxito en este nuevo proyecto!

Referencias

Ferguson, S. 2019. "Begginer's Guide to marijuana strains" en *Health Line*. Recuperado de https://www.healthline.com/health/beginners-guide-to-marijuana-strains

Goggins, P., Hennings, T. "Marijuana growth stages" en *Leafy*. Recuperado de https://www.leafly.com/learn/growing/marijuana-growth-stages

Grinspoon, P. 2020. "Medical marijuana" en *Harvard health blog*. Recuperado de https://www.health.harvard.edu/blog/medical-marijuana-2018011513085

Hennings, T. "Marijuana nutrient deficiencies" en *Leafy*. Recuperado de https://www.leafly.com/learn/growing/troubleshooting/nutrient-deficiencies

Holland, K. 2020. "A quick take on cannabis and it's effects" en *Health Line*. Recuperado de https://www.healthline.com/health/what-is-cannabis

Holland, K. 2020. "CBD vs. TCH: What's the difference?" en *Health Line*. Recuperado de https://www.healthline.com/health/cbd-vs-thc

Hyde, W. "Drying and curing cannabis" en *Leafy*. Recuperado de https://www.leafly.com/learn/growing/harvesting-marijuana/drying-cure-cannabis

Lesser, B. 2021. "The history and use of marijuana in the society" en *Dual Diagnosis*. Recuperado de https://dualdiagnosis.org/marijana-treatment/reefer-madness-look-evolution-marijuana-society/

N/A. 2021. "8 ancient cultures that used cannabis" en *Civilized*. Recuperado de https://livecivilized.com/lifestyle/culture-guide/8-ancient-cultures-that-used-cannabis

N/A. 2021. "Spotlight: how different cultures use marijuana" en *Magnetic*. Recuperado de https://www.magneticmag.com/2021/01/spotlight-how-diferente-cultures-use-marijuana/

Rahn, B., Hennings, T. "Marijuana plant anatomy" en *Leafy*. Recuperado de https://www.leafly.com/learn/growing/marijuana-plant-anatomy

S/D. "Cannabis: a cultural history" en *University of Arkansas System*. Recuperado de https://www.uaex.uada.edu/yard-garden/resource-library/plant-week/cannabis-cultural-history-08-16-2019.aspx

Silver, J., Hennings, T. "Harvestign marijuana" en *Leafy*. Recuperado de https://www.leafly.com/learn/growing/harvesting-marijuana

www.ingramcontent.com/pod-product-compliance
Lightning Source LLC
LaVergne TN
LVHW021720060526
838200LV00050B/2761

9 7 8 1 6 4 6 9 4 7 0 0 3